天下文化

BELIEVE IN READING

在地的幸福生活

美伶姐的台灣地方創生故事 PART II

陳美伶——著

目錄 CONTENTS

第二部 凡走過必留下痕跡——再看見的創生故事

—自序—

從新賽道出發，看見台灣地方創生的無限可能

二〇二三年十二月二十六日，台灣地方創生基金會在政大公企中心國際會議廳舉辦兩週年的慶生，現場來了超過三百位貴賓，包括行政長官、企業家、媒體、各界好友與地創夥伴。當天的亮點在貴賓拿到的紀念禮品，由三十個地創團隊提供自家產品，以隨機方式擺放在貴賓座位上，每一位拿到的都是不同款的紀念禮品。當下所有人都有開獎的喜悅與相互交換禮物的衝動，歡樂的現場一片讚嘆，讓活動達到意想不到的高潮。

合唱生日快樂歌後，三十個團隊的創辦人或代表輪流上台介紹自己及產品，不僅道具盡出，且風趣幽默，讓所有貴賓都能很快認識團隊夥伴，既吸睛也獲得滿堂

3 | 1
4 | 2

基金會兩歲生日趴，團隊在舞台盡情發揮

1 來自澎湖年年有鰆的巫佳容，用土魠魚寶寶介紹她的食魚教育故事。

2 雲林崙背的鮮乳坊團隊，抱著牛娃娃上台。

3 來自桃園由米工作室的楊禮琳，帶著新住民媽媽一起上台分享。

4 台東媳婦林沛縈戴著釋迦安全帽，介紹好時果子品牌。

二〇二三年十二月二十六日快樂生日趴，來賓擠滿政大公企中心國際會議廳。前排中從右至左：法務部政務次長陳明堂、台南新樓醫院前院長莊銀清、東吳大學副校長董保城、科技部前部長陳良基、信義企業集團創辦人周俊吉、前監委吳豐山、遠見天下文化事業群創辦人高希均、王力行、期交所董事長吳自心、連江縣前縣長劉增應、台新證券副總陳立國。

喝采。我始終認為，這個舞台是屬於地創團隊的，也應該讓團隊盡情發揮，所以委屈所有出席的行政長官及企業家們。很抱歉，沒有讓你們上台致詞。

二〇二一年十一月十六日，在信義企業集團歡慶四十週年的活動上，周俊吉創辦人宣布「台灣地方創生基金會」正式成立；而當天，我也有了一個全新的頭銜——「董事長」。在此之前，我和周董並不熟識，更談不上深交。因此當他邀約希望成立基金會時，我的態度保留，因為要營運一個基金會，真的不是那麼容易。但周創辦人長期關注地方發展，透過信義房屋「社區一家」計畫，挹注近二十年光陰協助全國社區發展，所展現的成果獲得大家肯定與讚賞，加上信義集團在經營上非常重視環保、永續、企業倫理等公益，周創辦人也深受國人敬仰，是企業的標竿與典範。

我充分理解，周董事長的心願是希望將「社區一家」與「地方創生」完美銜接，讓台灣更好，這和我想將地方創生工作當作我人生下半場的志業是不謀而合的。於是，因緣俱足，台灣地方創生基金會順利誕生了。

這是第一個，也是目前唯一一個全國性的地方創生NPO組織。我們邀請AAMA台北搖籃計畫顏漏有校長、台灣社造聯盟盧思岳理事長、時任海洋委員會柯勇全專門委員，以及台灣北、中、南、東四位在地團隊代表——新北三峽甘樂文創的林峻丞、南投竹山小鎮文創的何培鈞、台南官田推動菱殼炭循環經濟的顏能通、花蓮七星潭定置漁場三代目的任聿新，加上周董事長及我組成董事會，啟動我人生另一個全新的賽道。那時我六十三歲，距離卸任公職正好滿一年，但尚未達法定的退休年齡。

台灣地方創生基金會成立的宗旨，在於集結民間的最大力量，一起推動台灣均衡發展的任務，因為「一個人走得快，一群人才能走得遠」。我們希望不只給魚，還要給釣竿。基金會打造一個大平台，讓地方創生團隊在需要時找得到資源，幫助地方創生團隊朝向永續邁進。我們的方法不是給經費、給補助、給獎金，而是陪伴、瞭解、帶領、串接所有資源、連結網絡並解決困境，讓團隊在落實執行上有一條清晰的道路，大家攜手前行，不孤單也不落單，穩步向前，成為一個共學、共創、共享、共好、共融的生態系。

二〇二一年十一月十六日，台灣地方創生基金會在信義企業集團成立四十週年的慶祝會上宣布成立。左起：林峻丞、盧思岳、顏漏有董事、蔡炅廷顧問、陳美伶董事長、周俊吉創辦人、國發會張朝能主祕、柯勇全、任聿新、顏能通、何培鈞董事、蔣光澤顧問。

基金會成立的第一年，我們募集了一百三十個團隊夥伴，第二年成長到兩百五十六個夥伴（本書出版時平台上的夥伴數已幾近三百個），遍布全國二十二縣市，大家在平台上一起被看見，合作分工，不管是返鄉還是移居，我們都在為深愛的家鄉成就最美好的未來與願景。

服務公職近四十年，我的生命歷程恰好跨越台灣民主化過程，三分之二的時間參與民主化法制建設的每一個階段。我試著跳脫傳統法律人專業領域框架，走入公共治理、行政管理與擘劃國家發展的職涯。

朋友多戲稱我是非典型的法律人，也是非典型的國發會主委，我一點都不以為忤。因為我一直深信，沒有人天生就該被局限在某個職位，每個階段的歷練與學習，不但滋養生命的內涵，也給我有布施的機會。感恩國家的栽培，感謝教導過我的長官，以及與我共事的所有夥伴，我以身為中華民國文官為榮，也期許台灣的文官制度，是國家發展最重要的基礎，每位公務員都是國家的棟梁及帶動國家進步的力量。

卸任公職倏忽已四年，時間的轉軸一刻也不會停歇，生活內容不僅創新，更填充得踏實而有味。二〇二一年五月出版的《美伶姐的台灣地方創生故事》自序中，我的標題是〈心更寬，力更大——限量版的人生下半場〉；二〇二二年最後一天，在遠見天下文化「二〇二三突破者——知識跨年饗宴」活動中，我分享的主題是「後山女兒的人生第三座山」，向大家宣告，我已開心的攀爬著屬於自己未來的新金山。

台灣地方創生基金會成立後，持續拜訪在地團隊是我的堅持。二〇二二年，我透過與林事務所林承毅老師合作的「尋路共創塾」計畫，與九個縣市超過一百個團隊交流，再投入參與台東、台南、雲林、彰化、花蓮、馬祖、金門的各項活動邀請與計畫執行，訪視各地團隊或演講分享。後來發現，二〇二二年我的高鐵交通費已近三十萬元。加上馬祖三次、澎湖兩次、金門一次的拜訪，我確實又把台、澎、金、馬走了好幾圈。

有人問：推動地方創生需要這麼辛苦嗎？我的答案是：「一點都不，因為這是我現在的生活日常。」如果想幫助地方創生團隊，就只有走到第一線，才能真正看到土地的美好、瞭解團隊經營的點滴，也才能讓基金會的功能既可彈性動態調整，也符合團隊需要的大平台。

《美伶姐的台灣地方創生故事》一書的出版，原不在我的規畫中。但基金會成立伊始，總覺得有責任讓大家更瞭解我在國發會主委任內所規劃地方創生國家戰略的原貌、走遍二十二縣市從土地、團隊身上所體會的感動，美好故事應該被曝光、被看見；加上書的版稅還能夠挹注基金會的經費，何樂不為呢？

起心動念著手開始寫，大約三個月完成書稿，一個月的編輯與印製，二〇二一年五月底書順利出版了。但新冠疫情造成全台封鎖，實體活動不能冒險舉行。對於線上活動，我也還沒熟悉到有足夠信心。所以，唯一的策略，就是「沒有簽書會一樣可以拿到我的簽名書」。就這樣，我在家努力簽完每一本書。感謝天下文化同仁對我的寬容與支持，銷售情況還不算差，每年二十幾萬的版稅，讓我能夠對基金會有所回饋。

時間過得很快，《美伶姐的台灣地方創生故事》出版三年了。三年來，不論台灣或世界，都有了翻天覆地的改變。兩場意想不到的戰爭暴發了；護國神山——台積電最終還是跨出台灣到其他國家設廠，牽動全球半導體上下游產業的移動；台灣受氣候變遷及動物流行疫病的影響，原本不缺的民生物品也開始出現偶發的匱乏；國內每兩年一次的民主運動——選舉，持續擾動我們的生活，製造些許不安與偏見。這期間一直有朋友鼓勵我再出第二本書。坦白說，當寫的東西獲得迴響時，我確實想過再度提筆，但最終還是回到出書的初心，也提醒自己時候未到，因為書中的故事都尚在進行中。

二〇二三年，基金會主題工作是「跨出同溫層——地方創生攜手企業打造ESG新里程」，我不斷向企業推銷地方創生的故事，期待ESG的報告不再是作文比賽。年終時，我開始意識到故事內容經過三年疫情已經不同，最新的進度必須跟上。於是在天下文化林天來前社長的鼓勵支持下，屬於我個人的第二本地方創生故事得有機會問世，更期待透過新書和創生夥伴及所有好友，一起來思考台灣下一個五年的地方創生政策，該走向哪條正確的道路，並再次與人家分享我見我聞，及凡走過必留下痕跡的台灣地方創生故事，期待用新的內容做更深入的交流，也讓四年時間不留白，留下屬於自己生命旅程的記憶。

再次感謝遠見天下文化事業群高希均創辦人、王力行創辦人及所有好夥伴一路以來的提攜與陪伴，讓我也可以有筆耕的資歷，為人生留下彌足珍貴的篇章。

陳美伶於二〇二四年五月

第一部

台灣地方創生策略之緣起與躍進

台灣的地方創生是為解決人口結構兩極化、過度集中都會區及整體發展不均衡，透過整合各界資源與人才，發掘地方人、文、地、產、景的優勢與特色，來振興地方產業，創造就業機會，達到讓人口不外流及回流的國家級戰略計畫。

地方創生必須由下而上的整合、用需求驅動供給，為地方經濟注入活水，讓這一代可以安居樂業，讓下一代可以安身立命，讓台灣不再有偏鄉，代代生生不息。

緣起——細說從頭

「地方創生」這個名詞，並非我們的原創，而是源自日本的漢字。安倍政府自二〇一四年推出國家級的地方創生總合計畫，希望用國家的高度，解決人口兩極化、讓東京都減壓，達成維持一定的人口成長，及讓鄉村穩定發展的願景與目標。具體作為是由上而下，制定專法，並派任直屬內閣府的地方創生大臣，要求最基層的地方單位，於一定期間內提出地方創生計畫。

看看台灣的國土建設與發展，同樣過度集中於都會區。雖然經過三次政黨輪替，我們看到的還是重北輕南、重西輕東的景象。相較於日本，台灣不遑多讓，由「高齡社會」邁向「超高齡社會」的進程甚至比日本還快，著實令人憂心。但懷憂喪志並不能解決問題，必須提出策略因應，這是政府不可推卸的責任。

二〇一七年十二月二十七日，行政院賴清德院長在年終記者會上，提出「安居樂業」、「生生不息」及「均衡台灣」三大未來施政主軸，強調政府責無旁貸，要打造安居樂業的環境，並解決台灣少子女化所引發的人口危機，揭示均衡台灣是下階段行政院的政策目標，希望帶動台灣整體向前邁進。

二〇一八年五月二十日由院長親自主持，啟動行政院層級的地方創生會報，委員包括來自民間的信義企業集團創辦人周俊吉、台積電慈善基金會董事長張淑芬、全球品牌管理協會首任理事長陳春山，以及來自地方政府的屏東縣縣長潘孟安（現任總統府祕書長）、台南市文化局局長葉澤山（現任台南市副市長），行政院政務委員及各相關部會的首長，包括內政部、交通部、農委會（現改制為農業部）、文化部、環保署（現改制為環境部）、國家通訊傳播委員會（ＮＣＣ）、客委會及原民會等。該次會議除了通過行政院的地方創生國家策略計畫外，同時宣布，二〇一九年為台灣地方創生元年，正式啟動台灣地方產業振興發展的經濟型國家計畫。

二〇一九年開始，我們「由下而上」擾動地方，讓地方活力再現，讓大家瞭解地方發展應從系統整合啟動，並激發在地團隊對土地、對家鄉的使命感。轉眼間，第一個五年過去了。現在，「地方創生」在台灣，已是顯學，二十二個縣市都已綻放美麗的花朵，著實令人感動！

從二〇二〇年開始的連續三年，我們經歷世紀災難——COVID-19。疫情改變人類的生活方式、消費型態，也帶來新的商業模式。三年間，人類已被科技徹底顛覆，網路世界從Web2直直邁向Web3，實體世界慢慢走入虛擬與全數位領域。例如，二〇二二年透過區塊鏈（Blockchain）技術的數位資產ＮＦＴ紅極一時，但炒作投機後，終究跌落谷底等待重生；二〇二三年ChatGPT橫空出世，占據所有版面，生成式ＡＩ無所不在，影響我們的生活、行為與工作模式，人類依賴科技只會愈深愈廣，這些衝擊與挑戰，都將讓我們回不到疫情以前的生活狀態了。

除了科技，另一個更嚴肅的議題也籠罩著我們，那就是二〇五〇淨零碳排的迫切性。疫情期間恢復舉行的聯合國氣候變遷峰會——COP26、COP27及COP28，確立了許多原則與共識，各國的政策、法規也紛紛跟進，高科技企業更是率先提出更高、更難的目標，要在二〇五〇大限到來前超前部署及達標，因為這已是不可逆的趨勢。

面對氣候災難現前，我們看到的不是危機，而是更多的機會。如何將挑戰轉換為商機與契機，是我們當下最重要的日常功課。「愛地球」已不夠，我們必須「救地球」，要起而行代替各種倡議，捲起袖子「撩落去」，後代子孫才得以生生不息。

儘管挑戰重重，我很開心的說，台灣地方創生的火苗沒有被澆熄，反而如雨後春筍般開枝散葉。我不敢說這是一開始採用屬於台灣原生版的計畫奏效，但至少採用「由下而上」及「需求驅動」，藉以帶動風潮與投入的策略，應該發揮了相當的效果。不過，過去這四年，中央有十個部會透過前瞻基礎建設的特別預算，挹注各式各樣的補助計畫、標案，地方政府則配合中央政策，將地方創生與青年創業結合，使出渾身解數，搭配林林總總的基地提供及輔導計畫，或多或少有煽風點火的效用。所以，從中央到地方，不重複的返鄉、移居、創業團隊，少說也有兩、三百家之多。

仔細觀察落地在各個鄉鎮市區的在地團隊，經過三年疫情，沒被打趴，勇敢挺過，存活下來，業績甚至超越疫情之前，持續向前邁進的地方團隊，我歸納做對三件事：第一件是順利「數位轉型」，提升工作團隊的數位智能與技能；第二件是

「人才培育」，讓公司員工在疫情期間跨域學習，賦能戰力與強化組織治理營運能力；第三件則是將永續、ESG、SDGs置入核心的Mindset，跟上全球趨勢與腳步。我們樂見創生團隊掌握關鍵要素，勇往直前，沒有被疫情打倒。回到返鄉或移居的初心、本心，堅持理想與價值。揮別疫情，經過試煉存活下來的團隊，不但更具韌性，也更前瞻的看到自己的潛能，找到屬於自己的「後天」，我看在眼裡，就是開心。

然而五年過後，當初推動台灣地方創生的初心，還在嗎？讓我們重新檢視一下。

跨過第一個五年，你看到的台灣圖像

先來看看人口結構。台灣地方創生第一個五年，數據顯示，台灣人口結構高齡、少子女化持續惡化。二〇二〇年，台灣人口出現第一次負成長，當年出生數是十六萬五千兩百四十九人，死亡數是十七萬三千一百五十六人。到了二〇二三年，出生數只有十三萬五千五百七十一人，又創新低。死亡人數則為二十萬五千三百六十八人，自然減少六萬九千七百九十七人。台灣已連續四年「生不如死」（死亡人數大於出生人數）（詳下頁圖表——台灣人口趨勢與推估圖）。

雖然二〇二三年台灣的總人口數是正成長，增加二十二萬多人，究其原因是屬於社會增加部分。我推究這個「自然成長呈負數」，但「總人口卻呈正數」的理由，可能是因疫情期間國人無法返國，依規定被自動除籍，解封返國後恢復戶籍（多半是因為健保資格的回復）的結果。這不是常態，也不是台灣引進更多移民的結果，反而是制度與法規的桎梏使然。這樣的總人口數增長不值得雀躍，反而是戶籍人口無法反映真正的人口面貌，值得深思。

台灣新生兒人數一再向下探底，二〇二四年極可能成為全世界出生率最低的國家。想當年「兩個孩子恰恰好，一個孩子不嫌少，男孩女孩一樣好」等生育政策口號，恍如昨日。當初隨著口號、政令宣傳，也搭配法律修正與政策規劃，例如子女從母姓的民法修正，及性別平權等法律制定，都是相當成功的人口政策實踐。然曾幾何時，我們好像忽略了工業化帶來的影響，與觀念轉變可能對人口政策帶來衝擊而未即時因應，導致人口結構在當下出現國安議題。

這五年來，三百六十八個鄉鎮市區人口危機的面貌並沒有太大改變，人口的移

推估 國發會2022.08.22發布

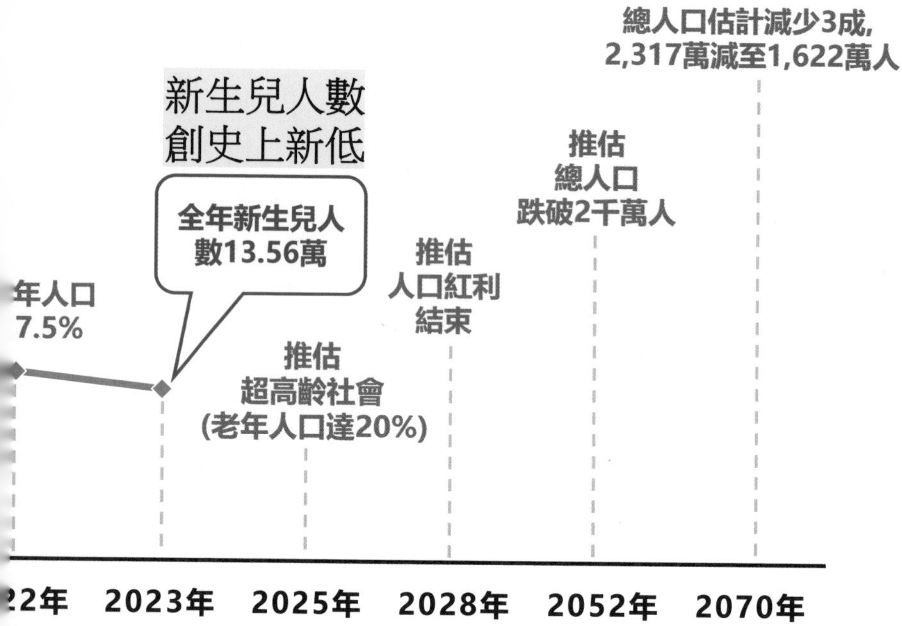

低於死亡人數

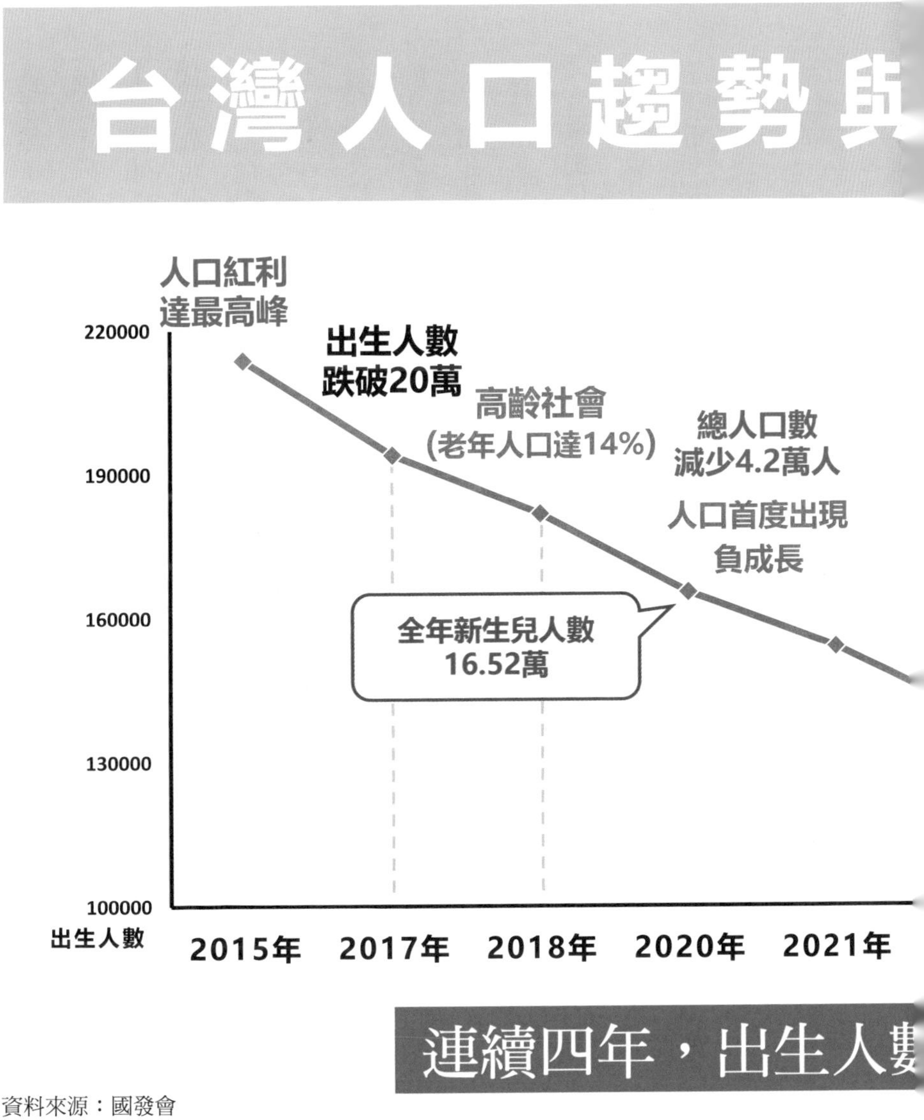

資料來源：國發會

注：此趨勢及推估的發布，每兩年一次。預計二〇二四年八月會再發布最新趨勢與推估。

動亦然，並沒有顯著的城鎮人口增加，反而「極限村落」愈來愈多。許多城鎮居民感慨，只剩葬禮，沒有婚禮，擔心會走向滅村之路。

例如，二〇二二年全台有一百七十九個「無子村里」（全年沒有一個新生兒），其中新北市居冠（二十六個），同樣是直轄市的台南市（十九個）、高雄市（十四個）及台中市（一個）也都榜上有名。更嚴重的是有十一個村里連續五年沒有新生兒誕生，其中四個在六都，*而人口減少最多的十大鄉鎮，也有半數在六都。†為什麼升格為直轄市並未帶來人口利多，反而形成另一個不均衡，人民沒有被應有的平權對待？存在都市裡的城鄉落差，正好證明地方創生不是偏鄉才需要的最好寫照。這是國家發展面臨的整體結構是否應重新檢視的議題，也是告訴我們直轄市的設計，並非城市發展的萬靈丹。

高齡化是另一個台灣無法迴避的問題。歐美先進國家，從高齡邁向超高齡，通常會花數十年的時間。老化速度較快的日本，從高齡社會邁向超高齡社會約莫十一年。根據國發會二〇二二年八月二十二日公布的資料顯示，二〇一八年台灣進入老年人口達百分之十四的「高齡社會」，預估二〇二五年就達到「超高齡社會」，不過七年，我們已是全世界老化最快的國家。到了二〇三四年，台灣一半的人口超過五十歲，五十歲到七十五歲的人口將有七、八百萬之多。

這些數據告訴我們，離開職場後，這群「退休」族群如果都過著遊山玩水、吃喝玩樂的退休日子，他們會持續二、三十年這樣的生活；台灣醫療水準高，如果不健康年齡（臥床年限）還停留在八至九年，可以想像政府的財政壓力與年輕人的賦稅負擔有多高嗎？這才是當下政府應該直球對決的議題！

很開心，三年前，戰國策傳播集團創辦人，也是現任立法委員吳春城博士，開啟了「壯世代（壯 Style）」（Strong Generation）運動，以「壯世代」，取代「老人」、「銀髮族」等字眼。他呼籲應重視台灣高齡勞參率太低，且刻板化定義老人是「舊思維」與「老標籤」，這其實屬於另一種歧視。

事實上，壯世代族群是人口結構中財富能力及可支配所得最高，且經驗最豐富

* 連續五年沒有新生兒，在六都的四村里分別是新北市平溪區、瑞芳區、台南市龍崎區及高雄市的旗山區。（二〇一八～二〇二二）

† 人口減少最多的十大鄉鎮，依序為台南市龍崎區、連江縣莒光鄉、新北市石門區、台北市信義區、苗栗縣南庄鄉、台北市萬華區、台南市左鎮區、苗栗縣西湖鄉、大湖鄉、造橋鄉。其中半數在六都。（二〇一八～二〇二二）

的一群，因為他們都是戰後嬰兒潮出生的世代。在人口平均餘命已從七十歲定義老人，提高到超過八十幾歲的時刻，我們是否應給予「老人」重新定義的機會？＊我非常支持與欣賞壯世代的理念與推動的目標，因為與我堅持地方創生應「全齡共創」，而非只是年輕世代責任的想法不謀而合。期待春城立委在立法院落實這個理念，結合有理想的立法委員，一起推動政策及修正相關法規，讓「壯世代之春」變成翻轉台灣未來發展的契機。

現在不婚、不生、不育的問題已成常態。當出生率一直下降，高齡人口不斷增加，造成人口結構發展兩極化。我們清楚意識到，台灣即將從「正金字塔」演變成「梨形」，至「倒金字塔」人口結構，已攸關國力，應以國安議題來看待。

從戰後嬰兒潮到現在，政府施政的資源分配，從教育、醫療、福利、建設需求與滿足，都是以正金字塔設計規劃及執行。如果有一天，台灣人口結構翻轉時，請問資源是否應重新分配？讓每一份資源都用在刀口上、用對地方、用得剛剛好，才有機會實現打造一個公平正義的社會，照顧所有應被照顧的人民？所以，我們須搶救人口斷崖，快速補足缺人才與缺人力的策略，及一個符合台灣永續發展的人口戰略。這包括利用醫療科技，讓想生且能生的人擁有自己的後代；盡速調整移民政策，引進台灣人口紅利所欠缺的人才需求等迫切的解方。

再看台灣國土與區域發展現況，除了人口結構已徹底到達必須直球對決的關鍵時刻外，台灣區域均衡發展問題是否有所改進？如果還是用「相對經濟弱勢地區」的數據定義（「低收入戶及中低收入戶占比」除以「納稅單位平均各類所得金額」的全國中位數），在所謂的偏鄉弱勢，特別是農村，舉目所見多是空屋、老人，看不到年輕人、看不到經濟的活力，這種城鎮比比皆是。國土整體發展仍是重北輕南、重西輕東的中風傾斜狀態，五年前和現在相比，並沒有任何的改變。

不過，隨著主流媒體開始重視地方治理，加上縣市首長幾番更迭，台灣的城市競爭已成為顯學，各縣市的發展不再唯一仰賴中央政策，反而開始梳理自己的資源，發展屬於自己優勢與特色的城市面貌。這股從土地長出來的力量，就是地方創生的正能量。例如台東的「慢經濟」，就讓人眼睛為之一亮，看到一個另類的施政思維新模式。

＊ 吳春城博士於其二〇二二年著作《壯世代之春》，稱此運動為「高齡解放運動」，是一場由台灣發動，擴散至全世界的新革命。

不過，這五年來，包括台積電的新設廠、新的科學園區宣布啟動、重大工業區的廠商進駐、前瞻基礎建設特別預算的挹注，確實看到建設不再集中北部，正往中南部移動中。但可能還在建設進行式，尚未看到具體成效，反而先帶動房地產的飆漲，讓回鄉與留鄉之路難度升高。這種產業政策與地方發展之間的微妙關係，著實需要深入探討。地方首長努力爭取建設，是否是城市發展的唯一利器，也值得玩味。

從以上的簡要分析，我們看到這五年來，特別是經過三年疫情，台灣推動地方創生的主客觀環境，並沒有多大的改變。人口結構的兩個極端只有愈來愈嚴重，人口的分布狀況與地方經濟發展，也大致維持現狀，足見要達成地方創生的目標，確實還需要時間與努力。

重新檢視初始規劃之策略一——台灣地方創生的核心理念

定義「地方創生」，取得共識，在台灣民主多元的社會，及網路世界人人都是自媒體的情況下，的確不容易。尤其政策的利害關係人，不管是新夥伴還是老鳥，都需要不同的關照面與妥協及搏感情，才能取得認同與信任。為了讓計畫更有彈性及調整至最適性的空間，國發會在計畫推動伊始，並沒有給具體的定義，僅提供核心理念與主軸和大家溝通，並透過 Logo，讓大家至少可以從其設計概念解讀政策的核心所在。簡要再略述從頭！

第一，以人為本，促進人口回流及不外流。鼓勵但不強迫青年返鄉，也不以年輕人做地方創生為唯一的訴求，只要讓島內人口移動，中壯年的返鄉或移居，也是計畫的主軸。

台灣從民國三十九年就開始實施地方自治，就算有第一部地方制度法，也是「精省」後的民國八十八年，距今都已超過四分之一世紀。而台灣過去對地方發展所實施的計畫，全面且大型的就有「一鄉一產業」、「一鄉一特色」、「社區總體營造」、「六星計畫」，到最年輕的「農村再生」。這些計畫實施最短的也有十六年歷史，最長者都超過三十年了。為什麼政府挹注這麼多預算經費及行政成本協助地方發展，整體人口的分布與國土的整體發展，最終還是如此不均衡？關鍵就在這些計畫的核心不在「人」，或者說ＴＡ（Target Audience）不是「人」。所以，地方創生如果要翻轉台灣整體發展所面臨的結構性問題，就必須將計畫的核心放在

「人」，才有機會創造均衡台灣的目標。

第二，找出地方產業的DNA。利用屬於自己的優勢，振興產業，創造工作機會，增加就業人口，因為有了生計，才會有生機，才會留下來或回來生活。

台灣土地面積三萬六千平方公里，行政區域劃分為二十二個縣市，三百六十八個鄉鎮市區是最小的行政單位。在這個小島上，每個「地方」都擁有自己的資源，也有屬於自己的優勢。但或許是島國的文化效應，模仿抄襲好像是常態，「蛋塔之亂」似乎沒讓大家學到教訓。我認為是缺乏自信，及缺乏對家鄉足夠的基本認識的結果。還有國人對認知的偏見，例如不產芋頭的地方卻被貼上芋頭故鄉稱號，又如池上米有好價格就把米送去貼池上的標籤，以假亂真，讓真正的地方特色無法展現。找出屬於自己血統的DNA，才有機會發展地域品牌，在國際舞台上被看見。

第三，因應數位經濟時代的需求，將科技導入地方創生。四十歲以下的國民已是網路原生代，如何善用數位科技，帶動地方產業及生活型態的數位轉型，偏鄉同享數位基礎建設的便利，擁有數位平權，讓台灣不再有偏鄉，均衡發展。

二〇二一年《美伶姐的台灣地方創生故事》出版時，我曾這樣說：腳踏實地捲起袖子，第一線觀察與實作，我嘗試將台灣的地方創生定義如下：「台灣的地方創生是一項為解決台灣城鄉人口結構兩極化及整體發展不均衡，透過整合各界資源與人才，發掘地方人、文、地、產、景的優勢與特色，振興地方產業，創造就業機會，以達到讓人口不外流及回流的國家戰略計畫。地方創生必須由下而上的整合、用需求驅動供給，為地方經濟注入活水，讓這一代可以安居樂業，讓下一代可以安身立命。」

現在回顧五年前核心理念的定性、三年前的定義，我認為一樣有說服力，可以持續做為與社會對話、溝通的元素與內容。

重新檢視初始規劃之策略二——五支箭

當初我這樣說：「公部門在提出任何一項政策時，必須要有論述，但論述不能像學術論文，當然也不能便宜行事、喊喊口號。雖然我一向喜歡用務實的論述方式說明政策內涵，但為了深入基層，讓計畫的TA加深印象，也只好不免俗的提出

『地方創生五支箭』。」給大家一個清晰的概念來瞭解政府的做法。

這五支箭，好似隨著我離開公部門後，就不再被提起。有一次，在一個南部的分享會與論壇中，我被問到，台灣地方創生的推動策略是什麼？我回答有五支箭說明執行的方法。但提問的朋友說國發會網頁已找不到了。之後，陸續有地方政府的承辦提醒簡報中被交代不要再提起五支箭。我雖不明白緣由，但深信這五個策略仍有其價值。可以批評與討論，但不能否認它曾經存在過。

第一支箭：企業投資故鄉或政府運用國發基金的資源投資地方產業

在《美伶姐的台灣地方創生故事》中，我花了不少篇幅說明為什麼要用「投資」代替「補助」，並舉了若干實例驗證補助的後遺症，期待團隊在爭取或申請補助時要慎重。

二〇二三年年底，我周遭關心地方創生政策推動的媒體朋友們，異口同聲的問我：「美伶姐，妳認為明年之後，台灣地方創生政策會有不同嗎？」我敏感的嗅到他們的關心，但仍裝糊塗的問，為什麼問這個題目？答案是：明年元月大選之後，不同執政者會不會重新調整或用新的政策取代之？

其次，過去三、四年在豐沛的前瞻基礎建設特別預算支持下，多數團隊仰賴大補帖計畫生存，當預算用罄，會再編新預算嗎？團隊沒有補助後，存活的比例如何？這些都會成為他們今年度編輯與採訪主題方向需要蒐集的資料。

這個提問，讓我開始回顧台灣地方創生第一個五年，包括中央、地方政府及民間均炒熱這項政策議題，所以很快就成為全民運動。中央政府雖然從一・〇版進階到二・〇版，但目標與大方向並未改變，只是執行的方法，因為有龐大預算做為後盾而有不同。計畫種類項目繁多，從專案辦公室到各地輔導中心、青年工作培力站等，組織結構層層疊疊；多元徵案取代最初的由鄉鎮公所整合地方綜合計畫、新增老屋修建提供空間使用及三十萬第一桶金等，其執行結果由政府設定的ＫＰＩ決定，是否見樹也見林，的確有待時間的考驗再來評估，我暫不驟下定論。

二〇二四年二月一日，行政院院會通過「打造永續共好地方創生計畫（2025-2028）」，並在網站上發布訊息，其中有一頁簡報，標題為「地方創生青年已逐步扎根、全台遍地萌芽」，其中有五個數字：「建立關係人口二十三萬人次、促進青年留鄉／返鄉一・一萬人次、增加工作機會一・二萬人次、促進觀光人潮七百四十六萬人次、提升地方整體營收二十億元」。*

這些數字之所以引起我的好奇，首先是這五項指標設定的理由與內涵是什麼？其次是公開資訊中沒有說明計算的基礎、標準，無法得知這些數字代表的意義。這究竟是二．〇版的成果，還是三．〇版的ＫＰＩ？如果是前者，我想知道「人次」是如何計算來的？在院會後媒體報導的重點有二，一是未來四年行政院將砸六十億預算推動地方創生，第二是促進一．三萬青年在家鄉打拚。†林林總總的數字，除了預算部分，可以理解是為了編列下年度中央政府總預算案必須先行卡位外，其他數字究竟是在說明執行率、達成率還是期望指標？都讓我有點丈二金剛摸不著頭腦。

看來，未來四年持續的補助好像也是既定的政策方向。

值得一提的是，在政府不斷推出計畫與補助的同時，我還看到「地方寄生」團隊的產生。這四年來，中央與地方政府紛紛提出各項補助計畫，讓在地團隊提出申請，洋洋灑灑，經費從幾十萬到幾百萬，甚至有千萬的案例。這些補助都需要提交計畫，經過層層審查，甚至還要經過評委的嚴格拷問。在資源有限的前提下，寫計畫書與簡報的高手，當然比在地深耕許久，但不擅長於作文與表達的在地人，更容易獲得政府部門與評委的青睞。於是，遷戶籍、代筆計畫書撰寫的團隊出現了，這些地方寄生團隊，排擠了真正想在地耕耘的鄉親獲得資源的空間與機會。雖然我們在推動地方創生時，除鼓勵返鄉讓人口回流，也歡迎移居，甚或二地居、三地居的移動自如，但絕不是搶政府資源的別有用心。

坦白說，政府補助都有年限，因為預算要執行、要核銷，如果預算執行完畢，計畫不再，這些團隊就轉移陣地，在地團隊沒有順利承接；更有甚者，目前為執行計畫不得已來來去去，但完全沒有與地方對話、連結，突兀的單點成效，能帶動地方的整體發展嗎？地方創生的第一核心——「以人為本」，讓人口回流不外流的價值，可以實現嗎？我衷心期待政府部門在審核計畫時留意這一點，讓資源的運用針對真正的在地需求者。

雖然我篤信政府施政的效益，不完全來自政府預算的補助，執政取得人民的信任與選票的支持，也不全來自政府給的糖衣。但當返鄉青年直接上書總統批評時，我也只能陪不是。

---

* https://www.ey.gov.tw/Page/448DE008087A1971/b4f79cf0-13c4-4409-a2e7-b25f143e7f6b

† https://www.rti.org.tw/news/view/id/2195881

地方創生團隊如果從零開始，資金的需求確實依階段成長進程而不同。初始銜接政府計畫取得補助或參與標案，是一種模式；自籌資金，從Ｆ４（Father, Friend, Family, Fool），或金融機構融資，都是可行管道；參加政府或民間比賽取得獎金，也是常見方法。或許就像新創一樣，要先找天使，再進入種子輪、Ａ輪、Ｂ輪等。但地方創生因其特質，必須和地方的發展連結，而具有較強的公共性、公益性與永續性，與一般創投的遊戲規則不相同。這五年來，已有企業或以認養的方式直接投資地創團隊，但不參與經營；也有如強調影響力投資的活水資本投資，並協助地創社會企業的營運；加上陸續成立的永續影響投資，例如ＳＩＣ（Sustainable Impact Capital），都很關注地方創生的投資。我相信，在永續與社會影響力的議題上，未來企業與地方創生團隊會有很多的合作機會與空間。

第二支箭：科技導入

過去，當政府提出任何一項政策涉及地方事務或建設時，首先要面對的挑戰課題，就是計畫執行的結果會不會造成「城鄉差距」更形擴大？特別是教育領域及涉及科技的普及，都面臨師資的嚴重不足及基礎建設趕不上進度的問題。但我相信地域的均衡發展，每一任政府絕對都會心心念念，不敢怠慢，也有強烈企圖心與決心想要實現的施政目標。

然而為何經常事與願違？理由不外只知爭取預算，但配套不足時，根本難以成事；或鑽牛角尖執著舊思維，不知善用新工具、新方法，致缺乏彈性設計無法因地制宜時，注定目標難達，只會讓偏鄉愈偏鄉，適得其反。

基於此，在地方創生的政策研擬時，我特別強調科技的導入一定要納入核心思維，且必須是執行的重要戰略與方法。主要是看到如今已處於數位經濟時代，科技對四十歲以下的網路原生代，都是生活的日常。而對於一百五十多萬家的中小型企業，則唯有加速數位轉型，透過顛覆式、破壞性創新科技，從生產、製造、產品設計、行銷、通路、服務乃至品牌的打造，整個微笑曲線、路徑，都應納入最新的科技思維與技術、方法，我們才有機會維持競爭力，進而邁向世界，在國際上占有一席之地。

至於所謂的科技，其內容及範圍是否可以勾勒？我習慣用簡單的英文字母開頭來說明。

A（AI, AIoT, AR/VR）：人工智慧已是未來主導人類生活的利器，生成式AI的革命性影響，會使用AI工具的人，絕對會取代不會用AI的人；物聯網、車聯網，讓數據管理掌握重要的決定；線上線下整合的虛擬實境，使人類生活邁向新的境界。

B（Blockchain）：指以區塊鏈技術為基礎的各式應用，包括鏈圈的數位科技認證、溯源履歷、資安、個資保護等；及其可以與食衣住行育樂、文化、藝術、運動、影劇等結合的NFT數位資產，當然還有幣圈的數位資產流通、交易與投資等。基於區塊鏈本質上的特性，具有信任機器的功能，會是未來產業發展的重要技術與概念的運用。

C（Cloud Computing/Cybersecurity）：雲端運算提供了靈活與可擴展性優點，同時降低建置、維護基礎資料中心的成本，以及更高的安全性，是資料科學發展的未來趨勢。資訊安全更是在大量數據都儲存在各種電腦及通訊設備時，其存取與運用必須有高度的安全措施。

D（Big Data/Open Data）：指大數據與開放資料的運用。資料可以驅動創新，是新產業的基礎，利用數據分析做各項決策與商業型態模式的建置，是未來的絕對趨勢。

E（New Energy）：面對氣候變遷，新能源政策是人類的共同課題。全世界都在找尋更有效率且不排碳的綠色能源，地方創生可以結合的小型發電技術與儲電功能組，都是在推動與執行中必備的基本態度，應及早規劃。

F（FinTech）：網際網路從 Web 1 到 Web 2，都只能做到資訊的流通，有了區塊鏈之後，才能有價值的流通，必須透過金融科技帶來新的應用與交易模式，例如第三方支付、電子支付等。換言之，傳統金融機制也面臨轉型與改革。

G（5G）：低延遲、高效率是未來生活的本質需要，也會持續朝6G邁進，這些都會對人類活動及產業發展、地方經濟復興產生革命性的影響。

台灣除了第一代高科技係以製造、代工為主之外，地方創生啟動的這五年多來，特別要提的是另一個新興產業——以區塊鏈為技術核心及概念的「數位信任產業」。我還在國發會服務時，就發現區塊鏈技術已經成熟及發酵，兩次赴歐盟拜訪，談的雖是GDPR（歐盟資料保護一般規則，General Data Protection Regulation），但話題就是離不開區塊鏈，同時發現台積電也在製造挖礦所需的晶片，許多新創以此為題材開始研發，從硬走到軟，是台灣未來很有機會的領域。於是在當時立法院許毓仁委員的催促下，結合產官學研，於二〇一九年七月成立「台灣區塊鏈大聯盟」，由我擔任總召集人，功能及任務就在於將業界意見整合後與公部門溝通，讓台灣在這個新產業發展過程中不缺席。

疫情三年期間，民間的能量有彎道超車之勢，投入相關產業的年齡相對較輕，各大學也紛紛成立區塊鏈研究社團、讀書會等，蓄勢待發，銳力不可擋。大聯盟也非常感謝中央銀行、金管會及數位部願意和業者互動交流，聽取建議。就在二〇二四年三月的最後上班日，金管會核准「虛擬通貨商業同業公會」（VASP）成立，大聯盟也就功成身退了。

至於區塊鏈技術如何與地方創生結合，我的看法是區塊鏈技術的特性，包括不可竄改性、分散式帳本（去中心化）、公開透明等，可以協助地方創生的事業，不管農漁牧的生產履歷、各式檢驗的認證上，都是好幫手，未來還可與碳權認證結合，還有資安與個資的保護，數位信任產業將主導接下來 Web 3 的所需，也許這會是台灣的下一個護國群山。

第三支箭：由下而上，整合產官學研「社」共同參與

台灣民主化的過程中，強調多元參與，擺脫一言堂的威權領導，讓政策的研擬或執行，可以聽見不同的聲音。我近四十年的公務生涯，正好經歷台灣從戒嚴、解除戒嚴、終止動員戡亂、總統直選及三次政黨輪替。從事法制工作的我，也見證了這段時間法制的變革。行政機關從被譏為黑箱作業，到引進專家學者參與決策落實民主多元參與。例如，特別是審議的角色，大家最熟悉的像土地、交通建設的開發，要經過環境影響評估委員會的審查、健保總額管制的審議及訴願的決定，要有一定比例的外部委員參與。另外，為落實性別平權，還立法要求女性參與的比例門檻等，都是重要案例。

除了民主化的轉換過程，官僚體系長久以來的僵化與保守，也是引進外部參與的另一個主要原因。但地方創生要解決的是地方所面臨的問題，由上而下或外部意見，都不如在地者真正認識、瞭解自己的優勢、劣勢與需求所在，因為創生真的沒有辦法「複製貼上」，一定要找到地方的主體性，讓地方特色極大化。

因此，推動地方創生策略的第三支箭，就是要結合社會的參與，特別是由「社

區」擔任需求發動的引擎，才不會讓供給方的著力偏離軌道，事倍而功半。

過去社區總體營造計畫的單位就是社區，但隨著政府透過各種競爭型計畫的補助與標案推動後，申請單位可能是大學、可能是鄉鎮公所，也可能是地方的社區發展協會或其他NPO組織，而執行的區域也隨著申請單位的專業與思維而不同，終究是見樹不見林。

就在過去的二十年，一個民間企業——信義企業集團，在周俊吉創辦人的帶領下，開啟了一個了不起的社區獎勵計畫「社區一家」。信義企業集團係以從事房屋仲介業務起家，這個企業的家訓是只賺取「合理的利潤」。此外，強調企業倫理及回饋社會。「社區一家」計畫從二〇〇四年推動以來，已累積近萬的提案件數，全國所有的鄉鎮市區都曾提案爭取，總計投入逾四億元的經費，讓兩千多個社區改變成真。包括目前在地方創生領域領頭羊的三峽甘樂文創，與中興新村的華麗轉身；也有許多的國中小，像嘉義縣義竹中小學等都曾獲獎。這是國內進行社區總體營造歷程計畫以來，規模最大、持續最長的企業贊助計畫。我不得不讚嘆周創辦人在社會公益之外，也看到台灣地方發展的瓶頸，社區的力量是關鍵因素，這些經驗的累積正好是地方創生推動的基石。

其次是產官學研社的共同參與中，值得一提的是大學的社會責任實踐（USR）。教育部在二〇一八年提出以五年為一期的高教深耕計畫，是以高等教育、技職體系整合的補助計畫，計畫主軸為「連結在地、接軌國際及迎向未來」，重點目標還是希望透過大學的多元特色，培育新世代的優質人才，畢竟教育部的核心職能就在培育人才。

我支持USR計畫，因為計畫刺激大學教授開始跨領域合作，以系所專長結合在地或選擇一個偏鄉，解決台灣在地面臨的問題。例如高齡照護、農業智慧化、水資源的保護、環境保育監測等。這個計畫已執行六年，目前正啟動第二期中。

我每年擔任《遠見》雜誌所舉辦的「USR大學社會責任獎」評審時，都看到亮點與創新、創意，但也同時感受到大學生存不易，需要舞台讓他們被看見，得獎與否攸關其招生。所以，意外發現，公立大學沒有私立學校專注於計畫的爭取、普通大學不如科技大學的用心。每年琳琅滿目的計畫，相信結案報告一定都巨細靡遺，能滿足主管機關及審查委員的需求。但我最想問的是，有否做過效益（outcome）評估？相同或類似計畫複製的結果，是效益擴散抑或是敷衍了事，成為例行公事？建議教育部應組一個小組，重新檢視完成的這數百個計畫，是否均達到培育人才的目的，及促進地方發展的功能？我相信，這對後續計畫的遊戲規則設定，及經費預算的運用，是有絕對幫助的。

台灣土地面積不大，人口已成負成長。二〇二三年新生兒只有十三萬五千餘人，學校招生不滿是每年都會碰到的問題。過去廣設大學所造成的後遺症，現在正處於殘局收拾的進行式，實在不勝唏噓。

二〇〇一年我到行政院法規會服務後，開始參與許多行政院內部高層會議，屢屢聽到產業抱怨學生學非所用，無法滿足企業需求。時隔十餘年，二〇一六年我再回到行政院擔任祕書長，這個議題還是存在，好像沒有太大改變。經過這幾年走踏地方，觀察地創團隊夥伴後，我發現，在政府開放大學設立後，偏鄉也有大學。如果大學和社區結合，讓學生認識學習所在地的風土與人文，學校的專長和當地產業發展結合，為產業儲備人才，那學生畢業後，就有可能留鄉或找到第二故鄉。

但事總與願違，偏鄉國立大學都說他們最強的科系是資管系、電機系、建築系，但學生畢業後在當地找不到工作，當地最重要的產業在學校則找不到任何相關科系在培養人才。學用落差冰凍三尺非一日之寒！未來學生人數再萎縮之後，台灣高教政策應如何調整才符合國家發展所需，恐怕是重中之重的議題。我期待，台灣的大學應分級因材施教，研究型、教學型與社區大學各依其設立的功能，將資源集中化配置，社區型大學與地方創生結合，一定可為地方帶來活力與生命力，更可將年輕人留下來在地方發展。

至於企業的參與，二〇一九年台灣地方創生國家戰略計畫啟動時，除了號召企業投資故鄉外，也希望借助ＣＳＲ的議題，讓企業多關注地方所需的協助，特別是有很多企業家是離鄉背井的遊子，透過回饋家鄉，也能讓在地居民感受到溫暖。可惜接下來因為疫情，無法大力推動這個計畫。

就在疫情期間、就在氣候災難成為迫在眉睫的發燒議題，「永續」成為顯學，也成為所有企業必須面對及努力的項目。二〇五〇淨零碳排目標與聯合國ＳＤＧｓ十七項永續發展目標，關係著人類未來生存的重大功課。

金管會為協助企業及早因應氣候變遷衝擊並訂定減碳目標，要求上市櫃公司自二〇二三年起，依特定產業或按實收資本額規模，分階段揭露溫室氣體盤查及確信資訊，並提交ＥＳＧ報告書。我們看到各大企業都開始啟動碳盤查，計算排碳量及碳足跡，照顧到Ｅ（Environment）環境的同時，台灣地方創生基金會更關心的是Ｓ（Social）的落實，我們期待企業的作為都不是虛應故事，都不是曇花一現的一次性活動，而是能夠透過與地方創生團隊策略夥伴建立長期的關係，形成一個永續合作與陪伴的生態系，讓企業的社會影響力（Social Impact）有所發揮，也可以讓社會更美好，創造雙贏局面。為了協助及串接企業精實完成ＥＳＧ報告書，不再只是作文比賽，台灣地方創生基金會主動帶著平台上的夥伴，與中大型企業對話交流，希望透過ＳＤＧｓ的第十七項「策略夥伴」的目標，為大家找到永續發展生命中的長期夥伴，一起走向幸福的未來。

二〇二三年台灣地方創生基金會的主題業務，就是「地方創生攜手企業打造ＥＳＧ新里程」，我們讓平台上的夥伴拿出看家本領，讓企業的大老闆、永續長理解我們在地方從事的各種產業，不管是產品還是服務，都具有永續的元素，可以成為企業的長期策略夥伴。例如 ReWood 木酢達人團隊與友達光電、甘樂文創與中華開發金控、藍鵲茶和智邦科技、洄遊吧和統一好鄰居基金會等都是很典範的案例。這種真正扎實加值ＥＳＧ的內容，務實的走在讓地球永續的目標上，才是地方創生的真價值。

推動地方創生，必須結合公私部門協力（Public Private Partnership，ＰＰＰ），且應「由下而上」（Bottom Up）的凝聚共識與整合意見，讓「產、官、學、研、社」同步，並從需求端驅動，讓社區在這個計畫中，有實際參與權與話語權，這是地方創生國家戰略計畫中最重要的一支箭。過去如此、現在正在進行，未來也不會改變。

第四支箭：統籌整合各部會創生資源經費做合理的分配

政府資源有限，每一分錢都要用在刀口上，是身為公務員的ABC，因為這是人民的納稅錢。記得我擔任台南市政府祕書長時，每年要負責審查各局處的預算案，當時的賴清德市長堅持一定要落實「零基預算」，因此審預算等於在審查各項計畫。對於已無效益的計畫，不再編列經費，對於新興的計畫，只要可行且符合地方需要，一定納入預算案，且不挑三揀四、東扣西扣，反而大方放送。

另外，開源固然重要，節流也不可忽視。市長常說「省比賺來得快」，所以刪除不必要的支出還不夠，更要用方法讓財務調度更靈活，同時也可將省下來的經費，放在更有效益的需求上。

中央各部會的預算項目洋洋灑灑，郭翡玉副主委（二〇一七～二〇二〇）從前經建會到國發會，已有三十幾年審議公共建設及政府預算的經驗，我請她召集同仁仔細盤點，將各部會與推動地方創生相關的計畫全部列舉出來，不論是提升生活機能、便利行動需要的公共運輸，還是對文化歷史的保存、環境的維護等，只要和地方創生的宗旨沾上邊的，就先撈出來。整理之後，發現十二個部會三十七項的施政計畫與地方創生相關，其中十七項可以直接帶動地方產業或創造就業機會，二十項可以提升城鎮機能的配套計畫，總經費高達三十多億元，如果和地方創生的整合計畫相結合，一定可以發揮最大效益，也就是沒有地方創生預算科目之名，卻有地方創生計畫執行之實。這不就是雙贏的真正意涵嗎？

如果攤開各級政府的預算書，認真檢視，一定會發現預算的項目及金額有許多是重複、錯置及浪費的地方。這也是存在已久的結構性問題，零基預算主計總處喊了多少年，根本只是口號，未曾真正落實過。

二〇二一年，國發會為了加速推動地方創生計畫，提出五大推動策略，做為地方創生二．〇的滾動式調整。其中「多元徵案」項目雖然改變提案方式，不以鄉鎮公所為唯一提案單位，也開放民間團體或公司提案，並獲前瞻基礎建設特別預算的挹注。但統籌各部會資源的利用精神似乎沒有改變，因此當時行政院陳建仁院長公開表示，有十個部會都有地方創生的計畫在執行，而多元徵案後，地方政府的角色被弱化了，後遺症也漸漸出現。

屏東大學文化創意產業學系葉晉嘉教授，曾引述國發會龔明鑫主委對於我最初提出以鄉鎮公所為提案單位方式修正的理由是：在媒合過程中發現，鄉鎮公所的創生提案不一定符合各部會計畫的原定精神，導致跨部會資源難以有效發揮。多元徵案新機制就是只要國發會審查確認符合地方創生精神，就可以從前瞻計畫預算支應。*換言之，應係指經費的補助來源來自各部會的施政計畫外，增加從特別預算移撥來的預算科目，但是否符合特別預算編列目的，則有待檢驗。

行政院於二〇二三年最後一波組織改造底定後，包括內政部、農業部、經濟部、文化部、交通部、教育部、衛福部、客家委員會、原住民委員會及國發會的施政計畫中，均有許多與地方連結的項目與經費，特別是公共基礎建設的完備上，可以協助地方產業發展的資源鏈結，振興地方的經濟力，所以跨部會整合還是地方創生的重要策略之一，從地方創生元年迄今並未改變，始終如一。

---

* 國立屏東大學出版，《地方創生士——走入在地必備的十二堂課》，葉晉嘉教授主筆的總論第十四頁（二〇二三年六月）。

第五支箭：愈在地、愈國際——建立品牌行銷國際

被譽為台灣品牌先生的施振榮董事長，是為台灣打造第一個國際級資訊品牌的科技界大老，他一再呼籲台灣產業升級的關鍵之鑰，就在於創造國際級品牌。企業交棒後，他說，他只是從企業退休，並沒有從社會退休。這些年來，他推動的王道永續精神、支持的灣聲樂團，都仍在打造屬於「台灣」的品牌，讓世界看見及聽見台灣，不愧是品牌教父。

除了施先生之外，普萊德科技董事長陳清港與永續長許華玲夫妻檔，三十年前創業時，就以為台灣創造一個有價值的品牌，及用品牌帶來影響力的信念，打進全世界一百六十幾個國家，獲得國際市場的認同，成為台灣之光，是網通領域的真正護國神山，都值得我們尊敬。

品牌在地方創生的推動上包含兩個部分，一個是地創團隊的產品或服務的品牌建立；一是地域品牌的打造。前者，台灣目前有相當多的專業輔導團隊，也有科班出身的設計人才，政府甚至在二〇二〇年成立了國家級的「台灣設計研究院」（Taiwan Design Research Institute, TDRI），主要任務就在運用設計力整合政府跨

部會的資源，讓設計成為我國重要施政價值與國家戰略，希望可以帶領台灣的產業和社會永續發展，並增進國民的生活價值。

五年來，我觀察台灣地方創生團隊對於設計力與品牌的建立，普遍都有正確的意識與觀念，例如和平島地質公園永續旅遊、茶籽堂苦茶油的品牌故事、吳郭魚華麗轉身的台灣鯛智慧養殖、鹿野紅烏龍的女兒不懂茶、流域收復環境保育的藍鵲茶、石虎米等，都是典範案例。我相信產品或服務的品牌力，已是台灣地方創生的DNA。

每次分享會，我都會問：「當台灣人口凋零，戶籍人口、常住人口短時間難以翻轉成長時，地方要如何維持她的消費力、經濟力？」答案就是需要「移動人口」、需要「關係人口」！但如果這個城市、鄉鎮沒有特色、沒有代表地方的品牌，去了一次，還會重複造訪嗎？日本社區設計大師山崎亮曾說：「我們要一個『一百萬人來一次的島』，還是『一萬人來一百次的島』？」這樣的概念，也讓台東縣政府列為所有員工的座右銘。

台灣有二十二個縣市、三百六十八個鄉鎮市區，叫得出名字，喊得出特色的並不少，因為在台灣省政府時代，我們推動過一鄉一特色、一鄉一產業的政策，但真正值得你當個移動人口或關係人口的鄉鎮有幾個？所以，透過地方創生全民運動的落實，打造「地域品牌」，讓愈在地、愈國際不再是口號，而是真正可以行銷國際的品牌，讓台灣的競爭力永續存在。

重新檢視二〇一九年提出的五支箭策略，經過五年淬鍊，只有愈挫愈勇，私毫沒有被消滅的感覺，我期待這五個策略仍應列為台灣推動地方創生的策略。

二〇二四後台灣的新價值與新時尚——地方創生

下一個五年，台灣地方創生何去何從？我定錨為**「讓地方創生成為在地幸福生活的代名詞；地方創生是台灣的新時尚與新價值」**！

台灣地方創生基金會位於台北八德路的「地創放送」空間有一個蹺蹺板，是設計師方序中老師的創意點子，的確是針對這個空間位置給了一個最好的注腳。在科技男出沒的繁華台北3C大聚落，有一個公共交流空間，彰顯出地方創生所欲打造的「平衡」。這三個平衡，是「城市與鄉村的平衡」、「工作與生活的平衡」，及「自然與人文的平衡」。在熙熙攘攘吵鬧的街區，有一個讓人可以靜心討論、交流從事地方創生的甘苦、賦能實力的講堂，及擁有完整資訊的交流中心，相信是大家喜歡的地方。簡單樸實的設計，除了帶出「以人為本」的核心價值，以及基金會設立的理念——「一個人走得快，一群人才能走得遠」外，也期待透過這個空間放送台灣地方創生訊息，做為與其他國家交流的窗口。

地方創生與社區總體營造雖然不是兩條平行線，但最大的差異就在從經濟的角度與在地產業發展出發。過去五年，有一些美麗的誤會造成了我若干困擾，其中之一就是將「創生」與「創業」混為一談。

台灣中小企業曾有過蓬勃發展的美好時代。然曾幾何時，大型企業興起，特別是與電子有關的製造業，讓台灣的創業風氣受到影響。網路新經濟模式起飛之後，所謂的「新創」（Startup）有一陣子確實不那麼受青睞。當世界各國紛紛用各種政策扶植新創，挹注資金，養出一隻隻獨角獸後，台灣也急起直追。因為網路屬於年輕世代的領域，所以「青年創業」成為另一股風潮，各大學在政策引導下開始成立育成中心，不只鼓勵學生創業，也鼓勵教授創業，形形色色的政府補助、青創基地，

台灣地方創生基金會位於台北八德路的「地創放送」公共交流空間，提供地方團隊一個溫馨的互動場域。

就連翻譯過來的孵化器、加速器等都到處可見。二〇一九年啟動地方創生計畫時，我就看到若干政府機關將「青年創業」、「青年返鄉創業」當作地方創生的核心，積極推動。

但真正的地方創生，是要振興地方的經濟，活化地方的軟體基礎建設，讓人口回流，最重要的是不再外流，我們的下一代、下下一代可以有留鄉的能力，在「在地」幸福生活。

在這種願景之下，是不需要每個人都去創業的。尤其單打獨鬥的時代已經過去，團隊合作的「共創」，才是最重要的趨勢與未來。像新竹湖口 ReWood 木酢達人陳偉誠和他的工作夥伴，有以前當兵的戰友、國中同學、小時候的鄰居共同組成，現在一群志同道合的夥伴不僅一起打造產業，更在小鎮過生活與工作平衡的日子，兼顧家庭及子女的照顧，年薪絕不少於過去在金融業或科技業。這樣幸福且充實有意義（循環經濟救地球）的生活，不僅是年輕世代的憧憬，相信也是很多台灣人想擁有的生活樣態。

我認為，地方創生就是在地幸福生活的代名詞，我更期待可以成為台灣的「新時尚」與「新價值」。

看見在地團隊的幸福感

3	1
4	2

1　新竹湖口木酢達人 ReWood 團隊。

2　嘉義市台灣田野學校團隊。

3　基隆和平島地質公園經營團隊

4　雲林古坑創樂子生活學苑團隊。

破除地方創生的迷思

一、地方創生不等於觀光，但「在地生活體驗」可為地方產業加值

二〇二二年起，我受邀在《微笑台灣》季刊撰寫地方創生專欄，當期雜誌的主題是「有任務的旅行——帶著你的態度出發，六條路線越玩越永續」。看到「永續」、「負責任」與「旅遊」的連結，很開心，我也就順勢將地方創生與觀光的關係再做一闡述。

疫情解封之後的二〇二三年一月至十一月，國人出國的人數共計為一千零七十三萬餘人，而來台旅客人數約莫是出國人數的二分之一，只有五百六十七萬人次。姑不論這些入境旅客是否純為觀光目的，我們還是應該思考，台灣觀光的優勢在哪裡？

台灣用什麼吸引國際旅客？我過去因擔任國發會主委的關係，有機會與歐美各國駐台代表私下交流。有一次餐會中，一位來自歐洲旅遊大國的代表問我，「妳認為我們來自歐洲、美洲的人士，搭十幾個小時的飛機，飄洋過海來台灣旅遊的主要

目的是什麼？」「妳認為在ＣＮＮ打台灣形象及風景廣告，可以吸引歐美觀光客嗎？」他的答案是否定的。這位大使告訴我，他們不是來看台灣的「大山大水」，也不是來找宏偉的歷史建築，而是想來「體驗」台灣人在這座小島的生活，因為他們好奇，這裡的活力與生命力是如何孕育出來的？原來，遠道來的旅人要的是在地的感動與好奇心的滿足。

COVID-19 疫情打亂人類過去生活的步調與節奏之外，也改變許多生活常態。社交距離、線上活動、購物消費習慣、零接觸經濟及平台經濟等新商業模式，都成為我們逐步開始建立的「新常態」（New Normal）。

觀光，是無煙囪產業，是創造關係人口、移動人口，活絡地方經濟的解方之一。但過去的旅遊採購已被網路電商取代，打卡拍照也隨著影音串流、智慧型手機及生成式ＡＩ而變得容易。

在這樣的改變之下，觀光真的不再是創造一次性消費所能滿足。節慶式或刻意打造出來的活動，如果不能與在地文化歷史脈絡結合，這樣的活動帶來的交通擁擠、回家的路變困難、環境汙染及大量垃圾增加的處理成本，只是消耗地方，不是當地居民所要的。

地方創生在地夥伴，是建立在「人、文、地、產、景」基礎下的服務型產業，要營造的是「體驗經濟」新模式。例如基隆和平島黃偉傑團隊打造的是地質公園的永續概念體驗、「旅庫。彰化」的扇形車庫文化體驗、台北大稻埕島內散步是與土地約定的體驗、新北汪汪地瓜園的食農教育、花蓮七星潭洄遊吧的食魚教育、馬祖追淚人周小馬的生態與閩東文化體驗；還有很多ＤＩＹ遊程，插秧、染布、製酒、木工、料理、潛水等，是讓訪客真正五感體驗的多元樣態。ChatGPT 也告訴你：「旅行是一種離開平常環境，探索新地方、文化和體驗不同生活方式的活動。」我們要創造旅客每年來好幾次的機會，而不是一輩子只來一次的消費。未來的觀光就是「體驗經濟」的實現。

體驗經濟就是地方創生活絡地方整體發展的解方。台灣人口急速減少，戶籍人口及常住人口短期內都不可能增加，所以內需消費難以支撐在地活力。唯有引進移動人口，讓移動自如、頻繁進出，才能讓在地產業生機再現。地方創生不可以簡化成就是觀光，但地方創生所打造的在地文化、歷史、土地及各種產業成長軌跡的體驗經濟，絕對可以為台灣觀光產業開啟另一扇窗。

二〇二三年台灣地方創生基金會與親子遊程平台 NiceDay 合作，挑選平台上提供體驗服務與各種教育類型的團隊，參與培訓，從遊程的設計、如何與孩童對話的技巧，到如何讓國外來台的親子深度體驗台灣文化歷史生態教育等，受到相當的肯定，也讓團隊獲利。

我相信這才是地方創生帶來的所謂觀光效益，而不是一輛輛遊覽車到處打卡拍照及買伴手禮而已。

二、地方創生應跨世代聯手、全齡共創，不應是年輕人的責任

二〇二三年春天，我來到基隆中正區，參加由海洋大學嚴佳代老師負責規劃的「基隆中正區亮點旗艦計畫」工作會議。座談當天，現場一位看起來年紀不大的中年大叔發言，表示他剛過四十五歲，被政府排除在申請補助對象範圍之外（四十五歲為上限），甚至有一次陪同符合年齡要求的申請人出席評審會，還被委員質疑其年齡資格，讓他覺得很不公平、很受傷。他問：超過四十五歲是罪過嗎？他一樣有繳稅啊！

這個問題我也發現了。看到各級政府標注給「青年」洋洋灑灑的補助計畫時，

我一則以喜，一則以憂。喜的是政府看到年輕人「可能」的需要，憂的是當地方創生的責任壓在年輕人身上時，是不是會扭曲政策方向，甚或造成世代對立且不符平權的宗旨，讓計畫推動的效益事倍功半？

二〇二二年《微笑台灣》夏季號，我特別以此為主題寫了一篇文章：〈跨世代聯手，全齡共創才是王道〉。因為地方創生政策是為了解決台灣區域發展不均與人口失衡的結構性問題，而問題的「因」來自戰後嬰兒潮的世代，為什麼解決問題的「果」卻落在年輕世代的肩膀？上一代的我們應將經驗傳承，更應「撩落去」陪伴下一代，一起為這片土地盡心力。如果造成地方創生就是年輕人責任的誤解，將政府資源挹注在四十五歲以下的世代，只會造成新的社會不公與世代對立，不符憲法保障平權的精神。

長期以來，台灣的教育並未培養我們留鄉的能力，也沒有提供足夠大的魚池讓我們有魚可釣，甚至我們的文化裡植基著上一代拚命要下一代接受最好的教育，最後把子女都送到都市，期待他們在都市裡發展，且定義那才是光耀門楣、才是光宗耀祖，返鄉就變成一種失敗的代號。特別是早期農民生活辛苦，父輩都不希望子輩再從事農業，農村因此老化嚴重，人口外流，現在農村多半呈現「十屋九空」的凋零景象。

不過，台灣的生活水準與醫療品質成就了高齡健康的國度，人口平均餘命高達八十餘歲，是世界的前段班。所以，我們是不是應鼓勵並提供機會給退休或提前離開職場的壯世代族群返鄉及移居，攀爬人生的第三座山？因為「老了，還是很有用，很好用。」不是嗎？

我以為，年輕人離鄉背井如果是為追求理想，應給他機會實現自我，讓他可以拓展視野，這並非壞事。年輕人願意回鄉付出是很棒的事，可以鼓勵，但不是用政策將兩件事綁在一起。中壯年、二代接班同樣可以回鄉打拚，他們具有成熟的職業技能、人際關係與對市場的理解經驗，創造「全齡共創」的地方創生生態系，才是健康的發展方向，我們應該透過地方創生的影響力，激發他們對家鄉的熱情，攜手年輕世代共同解決面臨的挑戰，在這塊土地上持續發光發熱。

要改變台灣，應從結構問題著眼，要對症下藥。地方的發展只有在地人最瞭解問題及需求所在。政府計畫補助年輕人，對地方帶來的振興效益，縱有「點」的效果，仍難達到「面」的整體綜效，全齡共創才是王道。

所以，地方創生不應與青年返鄉劃上等號！

三、地方創生不等於「創業」，揮別單打獨鬥，尋求「共創」與「團隊合作」，創造多贏

文字有它的魅力，文字當然也有運用的巧妙，但全球化之後，相同概念要用各自文字表達時，總有操作上定義的必要，才不會因為文字表象而產生誤解，甚至因望文生義而模糊了焦點。

中文的「創業」、「新創」、「社會創新」、「創生」、「社會企業」、「B型企業」……，這些名詞在過去十幾年圍繞在耳邊，但也混用且交錯使用到望文生義，致模糊了真正意涵。

台灣在中央部會設行政院青年輔導委員會時代，青年創業的輔導是它的業務核心職能之一。組改後，併入教育部成立的青年發展署，而勞動部媒合就業業務也特別標示青年創業。政府在各地普設「青創基地」，提供年輕人使用，有不少以共享空間的型態讓團隊進駐。

「新創」一詞來自英文的「Startup」，或有譯成「初創」，指網路興起互聯網及科技技術創新後的創業家（Entrepreneur），通常是一群志同道合的夥伴共同設

立，以追求創新、成長和尋找市場機會為目標。由於這些公司通常都處於初期階段，需要資金以開發新產品或新技術、新服務，所以和投資密切相關，需要一個完整的生態系（Ecosystem），聚落的形成是其一特色，例如美國矽谷就是代表。我們看到的數位經濟下的「平台」、「數據」、「電子商務」、「社交媒體」等，都是新創公司發展出來的「新經濟」。換言之，新創致力於打破傳統行業框架，走出新路。而這些創業家雖然多以年輕人居多，卻不是他們的專利。

路過台北市仁愛路三段原空軍總司令部的位址，你會看到一個偌大的招牌寫著「社會創新實驗中心」。這個空間是由前經濟部中小企業處（組改後稱為「經濟部中小及新創企業署」）於二〇一七年配合行政院的「社會創新行動方案」而設立的一個可以租用、辦理活動、講座、展演的空間。

「社會創新」（Social Innovation），ChatGPT 這樣定義：「是指通過創新的方式解決社會問題或滿足社會需求的過程。這種創新可能涉及新的產品、服務、模式或組織形式，其目的是改善社會的整體福祉。社會創新通常關注可持續性、公平、社會正義等價值，其核心理念是利用創新力量來推動社會變革，解決複雜的社會挑戰。這種概念強調了尋找有效的解決方案，以促進社會的積極發展。」社會創新必須具備的價值體現，正好就是SDGs的內涵，所以推動起來很有說服力，也引起了共鳴。

「新創」與「社會創新」可能存在有交集，但其核心目標和價值取向略有不同。新創通常著眼於商業領域，追求創新的商業模式、產品或服務，以實現市場成功和盈利。而社會創新則更關注解決社會和環境方面的問題，其目的是促進社會公平、可持續發展和社會福祉。所以，社會創新的解決方案，多半會透過「社會企業」的組織型態去實現。

回到主題，地方創生是希望解決人口結構兩極化及人口集中在都會，造成國土發展不均的問題，其核心內容是透過振興在地產業，創造就業機會，具有在地特色與優勢的產業得以發展，讓人口回流及不外流。「創生」與「在地產業生態」息息相關，但不一定是「人人創業」，也不一定是「青年創業」，因此，我認為不宜用「創業補助計畫」來詮釋「地方創生事業」，給所謂「創業第一桶金」也不符地方創生的本質要素。我們應鼓勵志同道合的夥伴，盤點地方資源後，找到點燃地方生命之火的火苗，共創振興地方產業，才留得住「人」。

更何況在數位經濟時代，產業鏈與生態系都與傳統產業有很大的差異，單打獨鬥的時代早已證明不可行，唯有打群架，組合成團隊，才有最大的能量關照到全部面向，也才有機會讓地方整合性發揮綜效。

四、地方創生沒有SOP，地方創生是去中心化的實踐

依二〇二二年國發會公布台灣人口的推估趨勢可見，到了二〇七〇年，台灣總人口數將降至一千五百零二萬至一千七百零八萬人，將少掉現在台北市加新北市的總人口數。推估未來五十年內，台灣的「戶籍人口」只會減少，「常住人口」如果沒有移民的刺激也不樂觀。而支撐地方經濟力發展的地方創生，則有賴「關係人口」與「移動人口」的增加所締結的消費力與經濟力。但「關係人口」與「移動人口」的增長與否，關鍵就在「在地特色」與「地域品牌」的打造，唯有「去中心化」才符合台灣現況需求的地方創生本質。

人類經歷世紀大疫情，三年的 COVID-19，許多供應鏈必須重組，產業結構也需要調整。但據我觀察，疫情期間不受影響，發展最快速的，就是以區塊鏈概念為底層核心技術所衍生的各種新的產品開發與運用。而科技進展也迅速走向下一代的

網路世界——Web 3。台灣新創在過去幾年投入 Web 3 的能量相當驚人。四十歲以下族群已著手在未來元宇宙的新世界開疆闢土，追求夢想的實現。這是區塊鏈最重要的特性——去中心化的吸引力。區塊鏈透過公開透明的機制與節點互相制約，給參與者擁有人性化的最大自由度，才會讓年輕族群嚮往。未來區塊鏈將是繼智慧型手機，成為改變人類生活的重要技術與載體，帶來下一代「數位信任產業」的新願景。

台灣施行地方制度有年，然而政府長期多以「供給」驅動，投入大量預算挹注地方，最終往往流於見樹不見林或獨厚同盟關係的無感施政。二〇一九年地方創生國家戰略計畫推出時，翻轉過去策略，改以「需求」為導向來振興地方的經濟實力。這種由下而上、遍地開花，創造「一模不一樣」的在地特色與地域品牌，在人口斷崖的國安困境中，找到支撐及促進地方繁榮的解方，與區塊鏈來自對中央集權的反制，且回歸各自本心的「去中心化信任機器」邏輯不謀而合。

曾經有地方首長問我：「地方創生有沒有ＳＯＰ？」我的答案是，「地方創生沒有ＳＯＰ，也不應該有ＳＯＰ。」

ＳＯＰ是針對作業流程的標準化，目的在確保組織內部作業的一致性與提升效率。但如果在創新或實驗性的項目，強調ＳＯＰ反而會錯失它發展的靈活與彈性。台灣地方創生計畫目的在讓人口回流、不外流，達到均衡發展的目標。從台灣的人口結構來看，短期內戶籍人口及常住人口都不可能有顯著的增加或改變，因此地方經濟力的振興，必須依賴關係人口與移動人口。它的誘因是地域的品牌與特色，所以地方在盤點資源時，必須放大優勢，而不是一味的模仿。因此推動地方創生非常強調要「去中心化」、要「由下而上」，而不是訂一套ＳＯＰ，大家一起抄襲及複製。唯有自信的與眾不同，才能真正展現地方發展的特色。

雖然台灣土地面積不大，資源也有限，但各鄉鎮市區絕對有屬於自己與眾不同的發展脈絡與文化底蘊，盤點資源後，找出ＤＮＡ，才有機會像區塊鏈，藉著底層技術的核心內容，透過與時俱進的創新方法，開發屬於在地獨特的產業，解決地方的「老症頭」，讓地方找到新的契機與方向。

我們一定不希望蛋塔效應再發生，也不期待農漁民一窩風的搶種、養殖，造成價格崩跌、產銷失衡，走向注定失敗的賽局。

台灣實施地方自治數十年，但我們看到還是中央集權，財政收支劃分仍掌控在中央的手上，地方施展不開，處處要看中央的臉色。台灣有二十二個縣市，姑不論目前以人口數做為行政區域劃分的機制是否妥適，我仍然主張每個縣市都應找出屬於自己獨一無二的地域特色，創造地域品牌，這就是去中心化的精神。

去中心化不是科技人、鍵盤俠的專利，也不是網路世界的專賣品，區塊鏈是一個概念（Concept），是「數位信任產業」的核心，台灣的地方創生就是去中心化實踐的最佳案例，是跟得上潮流的「潮」！

五、地方創生是產業再生，不應淪為「蚊子館」的幫凶

二〇二四年一開年，我接受中部一所著名私立學校副校長研究的專訪，事前提出的訪綱中，有一題是這樣寫的，「很多人以為地方創生只是空間活化、老屋新生。但實際上地方創生不只是這些，更多的是在地方上建構一個完整的產業生態。為什麼會有這樣的誤會呢？」

過去五年，地方創生在台灣成為顯學，不僅是國家的政策，十數個部會的施政計畫與預算都有涉及，地方政府也如火如荼的推動；圖書出版及雜誌報導、電子媒體的專題也多到目不暇給。就連各大學從二〇一八學年度開始，課程名稱或課程大

綱中涉及地方創生者也有兩百六十幾門課，教科書也有好幾本。*但為什麼會有這個美麗的錯誤呢？

我發現在主管部會國發會的補助計畫中，有一支叫作「地方創生公有建築空間整備活化補助」、文化部的補助計畫叫作「私有老建築保存再生計畫」，其他部會也有不少涉及硬體的修繕與改建的計畫。這類型補助金額相對比較高，或許較受青睞致能見度提高。加上，從社區總體營造到農村再生的計畫中，本來就有許多屬於硬體建設與硬體維護的經費預算，特別是二〇一七年啟動的前瞻基礎建設，有一項子計畫叫「城鄉建設」，也是硬體預算，或許是這些琳琅滿目的政府計畫，讓一般民眾誤以為地方創生就是在修建老屋及各式各樣硬體建設。

我曾在《美伶姐的台灣地方創生故事》中寫著：「地方創生的核心，在找出合適的產業，振興地方經濟，創造就業人口，讓人口回流、不外流。所以，地方創生絕不可以成為硬體蚊子館的幫凶，地方創生要強化軟體、整合系統，軟硬兼施。」

之所以這樣提醒，是因為看到過去太多案例，造成現在的燙手山芋。例如早期政府推動的一鄉一游泳池、一鄉一停車場，還有近二十年來增加的文化創意園區、創業、新創基地、育成中心等，真的是罄竹難書。為了終結蚊子館，必須有破釜沉舟的決心，非不能也，是不為也。我也期待政治人物不要把開幕、剪綵當成是證明政績的唯一，當人民都過著幸福的生活時，聰明的老百姓，自然會對政府感激涕零的。

＊五南出版，李長宴主編，《地方創生理論概念與個案應用》，二〇二三年二月；國立屏東大學出版，葉晉嘉主編，《地方創生——走入在地必備的十二堂課》，二〇二三年六月。

第二部

凡走過必留下痕跡——再看見的創生故事

都市叢林裡的感動——六都

開始啟動地方創生計畫時，我一再被問到都會區需要地方創生嗎？尤其是人口數處在增加中或總平均年齡較低的直轄市，都有相同的疑問。除了存疑，甚至消極因應，認為這計畫是解決偏鄉人去樓空的問題，干我何事？

地方創生（Regional Revitalization），是「地域重生、地域復興」之意。每個城市、每個鄉鎮都有其基本條件，所以在既有的資源下，人口的最適規模、產業的最適發展項目及生態維護的調適，要達到什麼樣的平衡，才是幸福生活的最適地域，都是地方創生評估的指標。即便是都會、大都市，也會呈現內部區域微妙的轉移，台北市如此、原高雄市亦復如是。

但台灣的特殊性在小小的島內居然有六個直轄市，升格後的桃園市、新北市、台中市、台南市，甚至將原高雄縣併入的高雄市也不例外，都有相當比例的偏鄉或經濟弱勢地區，所以地方創生在台灣，二十二個縣市，大家都有需要，只是策略、方法或許不盡相同，時程的規畫也可以有差異。**但沒有縣市可以說自己是局外人。這也是落實地方自治因地制宜精神的實踐。**

台北市——就從最老的直轄市談起

台北市處於老化進行式，即將成為「超高齡社會」，而且人口還在往新的直轄市——桃園市外溢中。擁有兩百多萬人口的首都城市，談到地方創生，仍有不少忐忑。我問市府的長官們，台北市有十二個行政區，試問，各區發展都均衡嗎？真的不需要地方創生嗎？

我在《美伶姐的台灣地方創生故事》中以大稻埕與北投為例，點出來自民間力量的地方創生在孵化中，但當時沒看到台北市政府動起來。

二〇二二年元月四日，我受邀到台北市政府的市政會議，分享台灣地方創生政策與做法，並接受當時的市長柯文哲的「拷問」。之後，柯市長還親臨「地創放送」空間交流。

我知道台北市政府正在進行一項「三貓計畫」（三貓指的是貓空、貓纜及動物園內的貓熊）。這個計畫是跨局處的合作，並整合文山當地所有店家的力量，搭配貓空纜車全線更換纜索後復駛，希望將貓空地區的人文藝術、觀光景點及產業特色，匯聚成兼具教育深度、休憩娛樂的旅遊遊程及系列活動，以活絡茶鄉的發展。

接著也與政治大學通識課程中心及ＵＳＲ計畫合作辦理「三貓生態大踏查」，納入食農教育、里山倡議與生態藝術等議題，透過課程的引導與在地體驗，讓政大學生及更多在地學子，能以多元方式認識及親近腳下這片土地。

這個計畫雖是由觀傳局主政，但內容頗有地方創生的意涵。不過，如果僅以舉辦活動，想要吸引關係人口，帶動地方經濟的振興，終究會疲乏的，所以尚看不出具體成效。唯可確認的是，即便是首善之都的台北，仍有區域有地方創生的需求。

二〇二三年十一月，我應優人神鼓邀請，出席在松山文創園區巴洛克花園舉行的「里山川」活動記者會。原來台北市文化局有一個「台北地景公共藝術計畫」，其中之一在文山區，由優人神鼓結合指南宮及在地團隊，打造一個「里山川」的概念，主題是「以大地編織的肢體力量，打開人與自然間心靈共振的關係」，透過優人神鼓的原創劇場道藝合一，來展現地景的美與優雅。在文山區最大信仰中心——指南宮的支持下，劉若瑀創辦人與黃誌群藝術總監，將文化藝術美學與禪的意境，帶入在地生活，這就是「人文地產景」最完美的結合。

台北市何其有幸，擁有世界級文化藝術團體駐點在最需要活絡的文山區，這是非常值得開發的地方創生項目，不但可做為培育藝術人才的基地，更能藉著優人神

優人神鼓結合指南宮及在地團隊打造「里山川」概念。中為優人神鼓藝術總監黃誌群。

鼓強大的文化影響力，讓全世界看到台灣、看到台北。期待新的台北市政府，就從這裡開始，全方位啟動屬於都會型的地方創生計畫。

在台灣地方創生基金會平台上，台北市並沒有缺席。

逆風劇團——地下社會局，接住需要高關懷的孩子

聽逆風劇團團長成瑋盛的分享，總是讓在法務部工作二十二年、並且是兩個成年孩子媽媽的我非常激動，也總是紅了眼眶，甚至止不住淚水。儘管瑋盛總是把故事的緣起說得一派輕鬆與幽默，我還是非常心疼。是誰讓這三個「孩子」承擔這個大人做不到、公部門疏漏的大事？真是慚愧！

逆風團隊這樣介紹自己：

在十八歲那一年，一群生命都不完美的年輕人，曾被這個社會貼上難以抹去的標籤，沒有人抱著期待也沒有人賦予過希望，因為一個構想：「希望用戲劇的方式帶著中輟、高關懷少年們站上舞台演出自己的故事。」三個曾經也有過相同生命經

驗的年輕人，瑋盛、韋志、奕醇，決定創立「逆風劇團」。我們的願景，是承接偏離體制與社會航道的中輟、高關懷少年。沒有一個孩子是自願變壞的，而他們應該擁有改變的機會，為自己創造生命的價值。我們的使命，是透過戲劇與陪伴的方式引回正軌，在參與劇團後，從中找尋到人生的方向與自我的價值，並引導成功賦歸的孩子，在未來能夠為社會有所付出與回饋。

為什麼是「地下社會局」？逆風團隊除了透過戲劇的角色，讓孩子從不同角度重新認識自己，找到未來的路之外，平時則是一個大帶小的陪伴。因為所有偏離軌道的孩子多半來自「脆弱家庭」，最需要陪伴的時間，總是在社工師下班休息之後。為了不讓這些孩子求助無門，逆風劇團接住他們，填補社會局下班後空檔的需求，讓孩子得到溫暖陪伴與支持，不致迷茫與徬徨，且不淪落為「問題少年」或「非行少年」。

二〇二二年一個夏日午後，我前往大稻埕和三個創辦人聊天，順便看看他們的空間場域及瞭解未來的規畫。和許多涉及社會照顧領域的團隊相同，他們也是透過組織「協會」來運作，收入大部分來自公部門委託的專案、補助和企業贊助。不過他們的起家厝早已不敷使用，距離第二個空間還有一點遠，目前充做辦公及會議使用。而當天最開心的是，已閒置兩年、正在活化的歷史建築「台原亞洲偶戲博物館」，將成為逆風劇團最新據點——逆風樓。瑋盛說，未來將引進商業機能，讓逆風樓成為一個社會福利與商業最好的組合，讓孩子獲得穩定的工作機會，營利所得的盈餘將回饋給逆風劇團的青少年犯罪預防及青少年職業培育做為經費。

過去逆風劇團除了定期演出自己的故事，也以跳脫窠臼的方式引導孩子發揮創意，探索職涯取向，或參與社區活動，回饋社會。例如為了解決青少年無照駕駛的困擾，帶領孩子組成車隊，鼓勵他們取得駕照，然後一起騎機車去淨灘、去動保園區照顧流浪貓狗、送餐給獨居老人，讓孩子體認到，騎車也可以做公益。又比如帶領孩子走進社區老人中心，同是需要被關心的族群聚在一起，藉由藝術及陪伴互相學習，使青少年從受助者成為助人者，讓高齡長者重新找回自信，孩子們也有歸屬感。這種看似另類，卻又創新的做法，值得公部門學習與借鏡。

拜訪當天，三位創辦人特別提出二〇二三年的重要計畫之一，是推動「反毒劇」。台灣毒品氾濫，數十年來沒有什麼改變。記得四十幾年前，我在法務部參與的第一個犯罪防制研究議題，就是「青少年濫用藥物的防制」。三十幾年後的二

○一七年五月，我在行政院林全院長任內，以祕書長的身分，負責跨部會協調與研議提出「新世紀反毒策略」，這個計畫有別於以往以「量」為目標的查緝方式，改以「人」為中心追緝毒品源頭，希望透過阻絕毒品於境外、減少吸食者健康受損、減少吸食者觸犯其他犯罪機會，並強力查緝製造販賣運輸毒品，降低毒品需求及抑制毒品的供給。這個計畫讓長期負責毒品政策的司法部門同仁感到振奮，因為找到了對的方法。可惜換了首長後，當初一起打拚的優秀公務員，都已轉任或離開公部門，我真心希望計畫可以實踐下去。

逆風團隊告訴我，毒品施用者的再犯率居高不下，與其到校園演給學生看，還不如到矯正機構演給受刑人或受矯正人看，效益或許更大。他們的夥伴當中，有曾是吸食者，由他們現身說法與演出，更具說服力，於是促成了與法務部的合作計畫。感謝法務部政務次長陳明堂的大力協助與支持，二○二三年逆風劇團終於踏進矯正學校演出反毒劇，四所矯正學校（誠正、勵志、明陽、敦品）、十三場演出，受到矯正機構長官的肯定，希望可以追蹤成效。瑋盛也特別感謝信義企業集團在經費上的贊助。

逆風由於落腳於大稻埕，也關心社區的整體發展。二○二二年逆風團隊獲得文

二〇二三年初拜會法務部政務次長陳明堂（左下圖左二）後，展開一系列機構內反毒劇的演出，獲得很大迴響。

化部第一屆社區營造競賽的「青年行動獎」，同時成為台灣地方創生基金會平台的夥伴。逆風樓咖啡館於二〇二三年七月開幕了，取得咖啡證照師的孩子，正在用他們的專業，開啟一條全新的人生道路。期待公部門、企業團體，甚至關心下一代的所有長輩、前輩，走進來給他們加油、打氣。

雜學校——教育特有種，為地方創生最後一哩路打開另一扇窗

雜學校（ZA Share）校長、地瓜校長，甚至最近火紅的「不良大叔」Podcast其中一位「大叔」，都是蘇仰志。認識他很久，但如何定位雜學校，相信許多人和我都有同樣的困擾。我沒有要給答案，因為以教育為核心，跨域整合比什麼都重要，所有國家政策哪一項不與教育相關？這不是介紹雜學校的園地，只談談為什麼雜學校是基金會平台上的夥伴。

第一次接觸阿志，是出席在華山文創園區舉辦的「不太乖教育節」，意外在一個展間發現不少地方創生團隊，我與苗栗苑裡掀海風的劉育育與林秀芃，就是那時候認識的。原來有不少返鄉青年，是從課後教育的陪伴，及獨立書店或有機書店出

發，去關心自己的家鄉發展出來的地方創生態樣。但雜學校並沒有落地，不是地方創生團隊，所以我一直將之歸類為資源媒合的夥伴關係。

台灣教改改了那麼多年，教育的沉痾依舊存在。新興網路科技發達後，台灣的教育新創如雨後春筍般不斷冒出來，他們應該可以為地方創生做些什麼的。我們也發現中小學的鄉土課程內容，並未貼近在地的人文地產，這樣的教材是不可能培養出孩子的留鄉能力。我很肯定的說，教育是地方創生的最後一哩路，唯有向下扎根和土地連結，地方創生才能見曙光。

我在國發會主委任內，就常與這群年輕創業家互動，包括台大的葉丙成教授（新任教育部政次）、TAVAR 理事長彭子威等，討論如何突破現有框架與窠臼，讓教育成為數位經濟下的新產業，下一代可以更幸福的學習、快樂的長大。所以，我對實驗教育、創新教育非常著迷，很期待在推動地方創生時，納入這些教育新思維。

我不斷邀請阿志跟著我到地方走踏，但雜學校畢竟是一個「虛擬的」學校，很難想像將雜學校歸屬於地創大家庭。他的教育策展有許多團隊是以「社會創新」之名參展，實際上都是落地的創生團隊。但阿志總是個「搞事者」。二〇一九年我們開始推動「地方創生」，他硬是不想被貼上標籤，風格獨樹一幟，所以自創「普列

3 | 1
4 | 2

1　雜學校是教育特有種，校長蘇仰志鼓勵人們從雜學中尋找自我。

2, 4　二〇二二年，雜學校邀集新創教育團隊，在嘉義廟埕前舉辦為期兩天的「嘉義市造反教育節」，獲得相當多的關注及黃敏惠市長的支持。

3　華山文創園區舉辦的「不太乖教育節」。

斯製造計畫」。聽起來很有學問，好像也有一點神祕，原來是歐美社區發展所用的「Placemaking」，以半音譯、半意譯組合而成。他希望透過「地方製造」這樣比較實作的精神，以城市設計的哲學，由下而上探索靈感與創新。

一直到疫情期間，阿志開始思考需要一個實體空間來營運，我推薦了台南幾個我熟悉的場域給他參考，但終究需要緣分。尋尋覓覓，終於在二〇二三年進駐位於花博公園圓山園區的台北創新中心（Center for Innovation Taipei, CIT），成為「雜學校——CIT台北教育新創競技場」之後，我覺得時機成熟了，可以邀請他加入地創夥伴的平台。今年（二〇二四）雜學校成立十週年，將有大型展會與國際論壇，除了與在地連結之外，也會有國際的重量級人物及團隊來參與，議題包羅萬象，永續、創新、科技、文化，相信一定能看到很多地方創生教育團隊來共襄盛舉。

檜山坊、元初豆坊與果嶼團隊——不約而同邁向永續

黃素秋與李清勇賢伉儷是台師大的畢業生，但似乎無緣從事教育工作。創業的因緣是為了照顧李清勇生病的父親。

他們原本只是帶父親到森林裡吸收高濃度的負離子，在往返的路途中，興起了「如果在家中就能感受到山林的芬多精、把整座山的味道帶回家」的意念，於是在二〇一二年創立了檜山坊。他們用檜木的邊角料，做為精油煉製的材料，獨家使用二次精餾萃取的工序，研發製成擁有特殊香味的檜木精油及許多衍生商品，藉以療癒身心。

檜山坊的商業策略是做品牌，不是製造業，因此必須找到好的加工廠才能確保品質。這些年來，檜山坊秉持著提升台灣品牌價值的精神，堅信檜木樸實、沉穩和獨特的氣味能穿透國界，獲獎無數，並受到日本人喜愛，素秋與清勇的心願是希望藉由檜山坊的產品，讓全世界「聞」見台灣。他們最新的產品與中華民國工業設計協會前理事長林磐聳教授合作，用台灣地圖意象的畫與商品做完美結合，原來檜木的香氣，就是台灣的味道！

八年級的果嶼黃子軒與元初豆坊的蔡明儒，從土地出發，以永續的概念，一方面解決台灣農業所面臨的問題，另一方面建立健康食品的品牌。在永續行動的零廢棄目標下，為那些沒那麼漂亮，但「心地善良」的水果找到了新的生命，成為賣相奇好的果乾與果醬等產品，讓果嶼很快就上了 Pinkoi 平台。

檜山坊
台湾ヒノキエッセンシャルオイル
B
5

檜山坊

元初豆坊則是致力於讓不耐乳糖無法喝牛奶的人，有替代的高品質乳品，讓人生沒有缺憾外，更能維持健康。這兩個品牌深耕在都會區，卻與產地的農民形成命運共同體，是實現共創、共好的地方創生案例。

新北市——典範＋新生的共好創生新模式

新北市一直是全國人口最多的縣市，也是一個多元的城市，二十九個行政區，人口分布非常不均，有都會型的板橋、中和、永和、新莊、三重，也有山城的坪林、平溪、石碇，臨海的貢寮、金山、淡水、石門等。人口結構也呈多元，南部旅北同鄉大都聚居在新北市，有人初來乍到，也有人在此定居已有數代。縣市長選舉時，新北有時反而成為中南部縣市長的重要票倉，真是奇特的現象。

《美伶姐的台灣地方創生故事》中有關新北部分，介紹了甘樂文創、平溪創生與金山的故事。三年來，這三個團隊都有新的進展，特別是台灣地方創生基金會董事林峻丞所帶領的甘樂文創、禾乃川國產豆製所與小草書屋等品牌，都已做得有聲有色，不但已取得B型企業的認證，也轉型為社會企業，引進活水及其他永續指標的投資，每年還以民間自主的力量——「地域振興聯盟」辦理年會，迄今已連續舉辦四屆，分別在嘉義市、桃園市、台東縣及新北市舉行，成功帶動與地方的連結及互動。二〇二二年起更在陳永泰公益信託傳善獎的支持下，創建地方創生學校，培育地方創生夥伴主理人的CEO課程，增強團隊的商業經營能力，扎實的耕耘，足堪典範。（有關甘樂文創的深入介紹，請參閱《美伶姐的台灣地方創生故事》第九十八至一〇三頁）

平溪——不只是天燈小鎮

過去五年，平溪里及菁桐里沒有新生兒誕生，這個人口持續銳減，被列為台灣村里老化指數第一名的小鎮，屬於我們通稱的「極限村落」。疫情期間，透過國旅帶來了不少人潮，解封之後，假日人潮更是絡繹不絕，足見平溪在地理位置上具有相當優勢。所以如何透過地方創生來活絡社區、展現生機，是值得付出的工作。

我一直認為平溪不只有天燈。在盤點優勢與劣勢之後，還是要從台灣工業發展史——煤礦文化遺跡談起。新平溪煤礦博物園區在龔俊逸董事長的努力經營下，三年來我看到了突破！我曾說，這座僅存具有歷史價值的煤礦現場，除有文資保存的價值，更有教育的功能。礦坑口與洗選煤場因基福高架公路的阻隔所造成的不便，即將透過手作步道的串連，讓訪客體驗煤礦產業的艱辛，相關文史資料與故事解說也都已就緒，未來在洗選煤場的舊建築加上光雕與定目劇的展演，可發展出完全不同的體驗，Web 3 的虛擬場域更可以將時空帶回過去，讓下一代重新認識台灣的礦業文化。（有關新平溪煤礦博物園區的深入介紹，請參閱《美伶姐的台灣地方創生故事》第八十六頁至八十八頁）

曾到平溪施放天燈的朋友，所有的經驗都是，十分老街＋鐵軌上放天燈＋在老街吃台灣到處都有的食物。平溪一年三百六十五天最誘人的夜晚施放天燈，照亮夜空，只限定元宵節那晚的活動。但這樣的旅遊經驗是難以延續的，老街食物更是難有特色。如何結合在地風情，打造高品質餐點，一直是我對平溪的期待。

二〇二二年，我的願望實現了，Arthur 的炭火大叔野餐店為平溪帶來不同的飲食體驗。這間座落在新平溪煤礦博物園區礦工澡堂舊址的職人精神餐飲，短短時間就被譽為是「慢火燻肉祕境、白天版的深夜食堂」，甚至成為新北市政府接待外賓的場域，短短開幕期間就有三十八個國家的朋友前來造訪及用餐。天燈以外，平溪有了新的選擇。

菁桐火車站是平溪支線的最後一站，所以菁桐社區除了火車站具有文化資產身分的特色外，還擁有做為終站台鐵需要的設施設備遺跡，是值得尋訪與逗留的地方。特別是黃色塗裝的火車緩緩駛入的剎那，這美好景象真的值得留下。

二〇二三年意外在菁桐看到另一個保存文化藝術與歷史的新場域正式對外開放，這是一座私人美術館——「一見．菁桐」，主理人正好是我法鼓山的師姐許素娟。這座落成於一九三九年（昭和十四年）的和洋折衷日式書院造建築，是台陽礦業公司的平溪招待所，經過整理修繕後，讓古建築有了新意，內部許多文物珍藏，也透過軟體的故事及五感體驗（茶道、樂曲等），讓前來平溪的朋友多了認知文化意識、學習包容的元素，更見證了近代台灣工業的重要發展脈絡，非常推薦到平溪的遊客都能來造訪。

另一個值得介紹給大家的，是疫情帶來的驚奇。行經靜安路，一棟搶眼的藍白相間建築映入眼簾。這棟由老舊房舍改建，佇立於清幽山巒間的小樓房，招牌寫著「平溪小希臘」，旁邊還有一行不同顏色的名字叫「蒙愛的城」。教會弟兄彭迦智在疫情期間，結束都市的事業，有緣來到平溪，打造一處融合了傳福音與美食餐點的空間。

這裡既是教會也是餐廳，餐飲簡單但很有特色，尤其是還提供健康食品給過敏體質，只能吃無麩質產品的消費者。他們的海鮮米粉搭配好大的中卷，上菜時還會附大剪刀與大夾子，讓顧客自行分剪，另外一道麻油麵線也相當入味。餐後的咖啡則讓顧客在座位上自行磨豆、沖泡，享受手作的樂趣。若是夏天，還可以吃一支嵌入整塊奇異果的綜合水果冰棒，象徵「奇異恩典」，十分有創意。這棟藍白相間的醒目建築，在山林間毫不顯得突兀，反而增添不少巧思，成為品味平溪的另一種想像。

這三年來，平溪唯一讓我失望的，是永續環保天燈沒有持續推動及擴大它的影響力。二〇二〇年元宵節，當我與侯友宜市長及文化銀行的創業團隊一起試放一百五十顆永續環保天燈，證明不會產生殘骸後，我原期待可以大力推廣，讓這個祈福小鎮的活動更朝永續目標邁進。顯然主客觀環境及與在地溝通仍嫌不足，讓這個可以翻轉在地天燈產業的契機仍在原地踏步中，甚為可惜。（有關永續環保概念請參閱《美伶姐的台灣地方創生故事》第八十四頁至八十五頁）

觀景台咖啡

菁桐車站

PRIVATE
野餐店

野餐店

金山——實踐共好的地方創生典範

疫情之前，我去了好幾次金山，也透過汪汪地瓜園的賴家華，結識許多落腳在金山的好夥伴（請參閱《美伶姐的台灣地方創生故事》第八十九頁至九十八頁）。然而疫情到來，大家都受到不大不小的衝擊，此時要如何讓地方的凝聚力更強、不中斷，更有確切的目標向前行，真的是一個大挑戰。家華與金山鄉三和國小美術老師，也是當地文史工作者的郭慶霖扮演了重要的引領角色。

新北市金山的溫泉，因雪隧通車，曾被消失在台灣的溫泉地圖中，也曾因陸客北海岸旅行社制式的行程規畫，深陷被路過與錯過的窘境。但金山人勇於看到自己的優勢，勇於捐棄本位成見，勇於創造「先合作再分工」的機制，在疫情期間，透過「北海創生青年知識論壇」，將關心地方的人都找來聚會。聚會地點從汪汪地瓜園的地瓜故事館、皇后鎮森林露營區的大空間，到熄燈前發揮最大效用的救國團金山青年活動中心閒置空間。經過六十餘次的聚會，人數從十餘人到最高紀錄達兩百人。

他們不但凝聚在地人對土地的認同，也聊出共創新的商業模式，以「金山漫遊」地域品牌經營模式，打造「值得您超過一百次的深度探訪」整合遊程，串連區域內的「食、宿、遊、購、行、湯」各種生活體驗與身心療癒活動，迎接解封後的國內外遊客前來。

二〇二二年十一月十四日星期一清晨，我受邀出席「金山漫遊：跨業、跨域，共創資訊平台的啟用與成果發表」。這場在金山新落成的立體停車場舉行的活動，出席人數超乎預期，新北市三個機關首長、在地業者商家，老鄉長及基隆、宜蘭的創生夥伴等，擠滿小小空間，讓週一早上，氣候微涼甚至飄著小雨的金山小鎮，充滿蓄勢待發的溫暖與感動，大家見證金山商家與夥伴團結合作的成果發表，淚水在我眼睛打轉。郭慶霖老師與賴家華這對師生搭檔，長期和地方對話溝通並獲得「信任」所打造出來的「共好」機制，不就是一個典範，且值得複製的模式嗎？這也是見證地方創生「全齡共創」的重要案例。

金山或稱北海創生團隊如何做到？金山三面環山，一面是海，畚斗地形聚積水氣且排水良好，又有紅色的砂質土壤，非常適合種植地瓜。其他產物則包括梯田的米、跳石的芋頭、筊白筍等。有了物產，就該再盤點與在地連結的文化歷史的各種資源。金山有山、有海、有溫泉、有古道、有古建築，還有著名的朱銘美術館，如何將之串連與銜接起來，把遊客從老街帶出來，是一項重要的任務，讓金山不再只有金包里老街的搶食鴨肉店，還有更多美景與文化資產，值得訪客體驗與放鬆，充實腦容量。

離開老街，金山至少還有十個地景，包括腳踩電輔車探訪小白鷺的棲息地、三合院文化導覽、老街年代悠久碾米廠的歷史回顧、古道探幽、海邊的牽罟捕魚、遠足農場雙胞胎姐妹花的多元農務生態體驗與看復育的蝙蝠、金山獨有的「蹦火仔」磺火船捕魚體驗、花卉手作香草ＤＩＹ、愛女兒的王廷宏開發的坵隱農場體驗蚯蚓生態教育、手作紅龜粿、芋圓王等，結合溫泉與金山皇后鎮森林完善的露營區，絕對值得你在此停留過夜。這些都是可以客製化的體驗遊程。

此外，還有汪汪地瓜園「種地瓜、挖地瓜、烤地瓜、吃地瓜」的食農教育課程，讓小朋友知道土地的重要，知道地瓜不是用種子，而是用地瓜葉栽種的。

芋圓王喝過洋墨水的二代李昰宗顛覆傳統思維，將金山無人知曉的芋頭與較為人熟悉的地瓜，製作成尺寸超大的芋圓與地瓜圓大器出場。令人感佩的是，他的員工不是年輕人，就是在地二度就業的婦女，這些婆婆媽媽純手工製作的巨無霸芋圓、地瓜圓，顆顆飽滿有嚼勁，相較於名氣很大的九份芋圓，絕對是有過之而無不及，成為金山的特色之一。好吃之外，還可以到金包里老街內的ＤＩＹ場域體驗手作芋圓。

除了將地方的美好結合起來，金山漫遊及論壇的夥伴，也依各自專長承擔不同的工作，例如金山味（Way）便當從一·〇進化到二·〇，依四季不同食材，打造屬於金山的獨特味道；有攝影製作影片專長者，則拍攝了春、夏、秋、冬四季不同體驗的影片行銷及推廣。這種先「合作」再「分工」的機制，也是我收錄在地方創生典範基本精神的展現。二〇二四年伊始，金山漫遊又開始啟動「引路人」的培育課程，讓每一個夥伴都可以講自己故鄉的感動故事，深化、提升台灣五感體驗經濟的品質。

賴家華在接受《天下》雜誌訪問時曾表示，為了迎接國際旅客，所有的體驗活動都要申請ＩＳＯ永續認證，金山漫遊要用盈利創造更多價值，提撥一定比率的收入，挹注更多公共事務的需要，這是他們努力的目標，著實令人感動，這就是地方的生命力與使命感。無怪乎家華獲得新北市政府二〇二三年「新北影響力」十大最有影響力的人物之一。

金山！加油！

金山漫遊
JINSAN EXPLORING

坪林——以永續環境概念打造環境友好品牌

坪林，位於翡翠水庫的水源保護區，受限於地理位置，不能從事大型開發與建設。但她是台灣北部的茶鄉，也是政府長期重點扶植農業的觀光景點，很早就興建了茶博物館來推廣茶產業，前去參訪的人潮也從來沒有少過。曾幾何時，因為雪隧的興建及通車，坪林現在的人口只有六千餘人，遊客也不像以往那麼活絡。這些年來，已有許多茶農二代順利接班，開始用新方法行銷茶文化及推廣茶產業，期待走出一條不同的路，吸引專程前來體驗在地文化與產業的人潮，而不是順路進來的移動人口，進而創造更多就業機會，將人留下來。

基金會平台上在坪林深耕的兩個團隊，一個是以流域收復生態保育價值創造品牌的八百金團隊，一個是移居坪林現已積極「創生」的蔡威德所打造的坪感覺。

以「流域收復」理念出發的黃柏鈞，出身環境生態保育體系，林宜平則來自媒體文化領域，兩人都不是農業本科。他們用理念、價值與品牌和農民溝通，獲得農民支持，並參與流域收復計畫。透過「流域收復」，讓更多集水區內的茶園不再投入農藥，山裡的農家成為里山的守護者。沒有農藥的集水區，才是萬物生態的家園茶園。從此，北勢溪流域及三個支流得以維持生態平衡，並以「藍鵲」命名，臺灣藍鵲茶就成為代表坪林茶鄉的一個品牌。

藍鵲是台灣特有種，屬於三級保育類（不算瀕危），在台灣中低海拔山林或鄉區很容易看見，包括坪林。林宜平幫我科普：藍鵲不是食物鏈的頂端，因為牠是雜食類，所以，藍鵲吃小蟲，小蟲吃蚜蟲（或小綠葉蟬之類），蚜蟲會叮咬茶葉，人類採摘被蟲叮咬後的茶葉，如此生生不息，是一個不破壞大自然的生態模式。

黃柏鈞與林宜平的搭配，在我看來真是絕配。柏鈞像個過動兒，永遠蹦蹦跳跳且活力十足，因為他光頭，又總是笑容可掬，像是個彌勒佛。宜平則是沉穩內斂，會說故事且說服力極強。「八百金」公司名稱典故，是一個化危機為轉機的故事。成立公司前，柏鈞曾接洽向茶農收購八百斤的茶葉，沒想到中盤商在交貨前人間消失，他咬牙以學生名義向銀行貸款，買下八百斤茶葉後販售，建立了與農民之間的信任，八百「金」公司就這樣產生了。

柏鈞，我感覺他是有野心的，一支藍鵲茶品牌難以拴住他的心，於是跨出新北，第二個相同理念的石虎米在苗栗誕生。這是一群在地居民以無毒無農藥、友善石虎的農作方式產出的農產品，希望石虎保育的觀念融入在地、活化社區，讓社區生態與經濟找到平衡點。這個計畫獲得竹科許多科技廠的青睞與支持，身為苗栗女兒的宜平也樂於幫家鄉做點事，是另一個成功的品牌故事。

另一個驚喜是二〇二三年年初，柏鈞及宜平告訴我，他們要在坪林街上開一家書店。原來除了後山的台東、花蓮，因雪隧失去風華正在努力復興的坪林，除了茶產業外，也開始注入文化的元素，豐富地方創生跨域多元發展的架構需求。儘管開心，我還是有點擔憂，心中想著有人買書嗎？可以存活嗎？

開幕兩個月後的夏日午後，造訪位於坪林公車總站旁，被媒體稱為坪林百年來第一間獨立書店的流域書店。小小的空間，精準的選書，親切的沙發，這兒賣的不只是書，也是書與空間氛圍的心靈知識成長交流。寬敞的地下室可以舉辦各種活動，以書為元素，打造無限可能，聚集人潮之外，也結交志同道合的朋友。我看到了地方的需求，流域書店滿足了它，營業額自然不用擔心。流域書店甚至成為當地小學生放學必訪的場域，這就是一個多元的創生生態系。

柏鈞與宜平的八百金，是一個以永續環境概念打造的品牌故事，他們自己不生產產品，也不加工，但幫第一線的農民找到理念價值，讓耕作更有意義，同時導入企業志工的資源，舒緩農業缺工的問題，也讓農村燃起生機。

坪林藍鵲茶、苗栗石虎米，接下來他們將進軍國境之南——屏東，打造另一個品牌山麻雀。柏鈞擅長蹲點與農民搏感情，讓農民理解環境永續的價值需透過生產方法的改變，用品牌故事與消費者溝通，獲得認同與支持，無形中就有了社會影響力。這種地方創生的模式，也是我們樂見的創新做法。

坪感覺的蔡威德（阿德），是來自雲林的北漂男孩，研究所時歷經一年的田野調查與駐村生活，讓他認識坪林、愛上坪林也落腳坪林，轉眼十年過去，阿德也升格成了爸爸，坪林不只是女兒的出生地，也是他的戶籍地。藉著自己的專業背景，參與政府的許多計畫，經營「坪感覺」，用坪林最重要的元素——茶，打造有品味的產品與服務體驗。雖然辛苦，但見證了地方創生的「家鄉」，也可以是因緣連結的「新故鄉」。坪林與蔡威德已悄悄的劃下了等號，不是嗎？

石碇——構築人與大自然的續命關係

認識葉家豪，是經由郭翡玉副主委的推薦。看過許多有關他與石碇的報導，但親自拜訪，是我離開公職後的一個夏天。家豪開著二手豪車，載我到石碇看看他的

「成果」。家豪是台大農經碩士，也是四個娃的爸爸，臉上散發著「執著」、「堅毅」，略帶一點憂鬱，一點稚氣，很難形容的人格特質，但是會讓長輩疼惜的晚輩。

家豪曾在二〇二二年獲得《關鍵評論網》選出當年度的「未來大人物」之一。獲獎後曾接受採訪。訪談中這樣描述葉家豪在石碇的開始與現在努力的現況：

「石碇位於大台北地區邊陲的區域，而被喚作『北石碇』的，又更是被摒除在翡翠水庫水資源補助區之外、比邊陲更邊陲的地帶。葉家豪揮別外人眼中典型的『上班族』職業，返回這處邊緣聚落，從撿垃圾開始到成立書屋，將這個宛如城市縫隙間的十八重溪村聚落重新點亮光芒，他希望，重新拾回小時印象裡那座宛如宮崎駿動畫裡的『天空之城』淨土。」*

由於地處邊陲，閒置多年的老家不僅鐵窗和門戶都被盜走，屋裡、後山竟都堆滿了垃圾，而這些垃圾大部分還是當地居民隨意丟棄的，於是他開始利用假日回鄉撿拾垃圾。令人心酸的是，鄰居看到這位三十多歲的年輕人這樣做，還懷疑他跑來

* 《未來大人物》〈新北「不山不市」垃圾堆中閃出一間螢火蟲書屋，葉家豪：十八重溪山村是我心中的天空之城〉，撰文者：陳淑玲，原文發表日期：二〇二二年十二月五日。

石虎米
石虎米

螢火蟲書屋
-用螢火蟲點亮城市裡的偏鄉-
書屋發起人

偷倒垃圾。然而，他並未放棄，號召志同道合的志工朋友一起清理山林，並透過志願服務協助當地農產品的銷售，籌措經費，重建老家房舍，成立螢火蟲書屋。

畢竟是個會念書的年輕人，家豪主修農業經濟，知道志工制不是解決問題的根本方法，還需有穩定的現金流才能走得長遠，串連聚落經濟的想法在他腦中慢慢成形。採訪中提到，「在他觀測下，石碇濕度高、雲霧環繞的地理條件十分符合菇類的生長，十足行動派的他立即在日本朋友協助下遠赴北海道旭川學習香菇農法技巧，一年後學成歸國，他租地養菇，對內推動社區認養計畫讓農家得以有技術、有經濟來源，對外則開放外界認養品質良好的香菇。並將部分香菇經濟所得做為撐起書屋的營運、志工淨山成本，用最接地氣的方式，延續山林乾淨與還給在地居民『螢火蟲』一個乾淨的故鄉。」*

家豪非常受肯定，也獲很多獎，他的故事很受媒體青睞，報導無數。我從他身上看到才氣，堅持與核心價值的實踐。

---

*《未來大人物》〈新北「不山不市」垃圾堆中閃出一間螢火蟲書屋，葉家豪：十八重溪山村是我心中的天空之城〉，撰文者：陳淑玲，原文發表日期：二〇二二年十二月五日。

桃園市——強烈企圖心的衛星城市

桃園市二〇一四年升格為直轄市後，今年將滿十週年，總人口數已突破兩百三十萬人，十三個行政區，桃園區與中壢區人口數超過四十萬、平鎮區與八德區超過二十萬人未達二十五萬人，但也有五個行政區不到十萬人，最少的是復興區，僅有一萬三千多人。

桃園市是台灣推動地方創生計畫以來，人口數一直維持淨增加的城市，平均年齡四一．一四歲，是全國最年輕的城市。這些正面的數字，可以從南崁交流道下去後，看到蓋得滿滿的一棟棟高聳入雲的建築物得到答案，以大台北為首都核心的效應正在擴散中，身為台灣國境之門的桃園乃發展之必然。

過去這些年，桃園的施政多以爭取大建設為主，包括機場捷運的通車、市區捷運軌道建設、鐵路高架改地下、會展中心、市立圖書館新總館、市立美術館、亞矽創新研發中心、桃園航空城等。

可能是新興衛星城市展現的企圖心，最後升格的直轄市反而後來居上，全國性的大型展會也大多落腳在桃園，真可謂欣欣向榮。或許正因為如此，在推動地方創生的工作上似乎緣淺，目前在基金會平台上的夥伴只有五個，和其他二十二個縣市相比，應該是敬陪末座。

由甘樂文創林峻丞所發起的台灣地域振興聯盟第二屆（二〇二一年）地方創生年會就辦在桃園。雖然在疫情期間，仍吸引來自全國的地方創生團隊前往分享，六個場地我跑了三個，看到眾多活力無窮的夥伴。基金會二〇二二年的「尋路共創塾」計畫第二站，林承毅老師也是安排在桃園，基於疫情考量，避免群聚，改以實地拜訪四個團隊外，臨時決定在大溪與在地夥伴做簡單的交流。

我在位於大溪當地信仰中心永昌宮旁的日日田職物所，見到創辦人高慶榮，他的返鄉故事是普遍環境意識抬頭，不希望故鄉受工業汙染，而燃起愛鄉土的熱情、使命感與承擔。

慶榮承租下大廟旁閒置的鐵工廠，做為與在地居民有個對話與交流的空間。蹲點久了，人脈與信任也建立了，就有機會讓家鄉重新出發及發光發熱，廟前的大樹高高屹立，好似在呵護著一群對家鄉有愛，為農村注入活水的力量。

認識由米工作室的楊禮琳（Amy），應該是在二〇二三年下半年她參與基金會舉辦的活動上。短暫的交談，知道她在國外待了很長時間，目前在桃園的地方創生項目主題是「新住民」及「多元文化的共好」。這個主題特別引起我興趣，因為台灣新住民的總人數已高達五十八萬人（超越許多縣市的總人口數）。

之前，我也常被問起有沒有關於新住民的地方創生案例，我依稀記得新北市中、永和地區有類似的計畫在推動，但一直無緣對接，所以 Amy 想做及正在做的事項，特別引起我的興趣。二〇二三年基金會兩歲生日趴時，由米帶著新住民夥伴前來，身上的本國服飾吸睛之外也令人讚嘆，因為她們已經融合在台灣這個美麗的新故鄉。期待很快我們就會有一個新住民與多元文化融合的地方創生典範案例可以和大家分享。

台中市——中台灣的另一個磁吸效應

台中市準備升格為直轄市是得天獨厚，有備而來的。第一個是地方的共識早已成形，第二是市政中心已先行規劃及起造，第三是合併後地方自治規章統整完成，萬事俱備只欠東風，所以在中央決策拍板後，順利升格。但幅員一下擴增，合併升格後的台中市面積是原來台中市的十三倍大，二十九個行政區，光和平區的面積就幾乎占有一半，人口數卻是全市最少的行政區，只有一萬多人。儘管現在的台中市人口數確實是僅次於新北市，全國第二位，高達兩百八十四萬人，但整體的區域均衡發展差強人意，各區生活環境與地理環境仍有不少落差，地方創生在台中沒有缺席的權利。

疫情這三年，我受邀到台中分享的次數並不少，尤其與在地的東海、逢甲大學的USR計畫連結或青商會的活動。我意外發現，現場出席關心地方創生的聽眾，大部分都不是台中在地人，而是來自臨近的南投、彰化、苗栗甚至新竹。我百思不得其解，但慢慢的我試著理解。台中市目前是台灣中、南、東部超過三分之二面積區域中，唯一人口持續成長的城市。眼前的問題，或許是人口集中區的都市建設大於都會的偏鄉整體發展需求，所以他們關心的程度沒有周邊城鎮居民擔心磁吸效應結果，導致家鄉會沒落的危機感來得高。必須坦言，我認識的台中地創團隊的確數量非常少，或許緣分不夠吧！

二〇二二年在基金會的「尋路共創塾」計畫列車開到台中時，認識了三個團隊，之後也都成為平台上的夥伴，積極與基金會互動，所以分享一下他們的故事。

台中時空漫步——深入走讀在地的文化之旅

TC Time Walk 台中時空漫步團隊，公司名稱叫作「沃克未來文化有限公司」。他們在做的是全世界大城市都看得到的「Walking Tour」這種在地旅遊方式。創辦人徐銘遠（Chester）二〇一五年底環遊世界回到台灣，發現台灣缺乏讓自由旅行者有效率且找到有品質的城市導覽人，也就是缺乏 Walking Tour 的團隊。他想，當一個自由旅行者初來到一座城市時，如果能透過在地人的引導，學習並體驗不同的在地知識、美食、文化、城市發展，就可以快速的融入，於是創辦了台中時空漫步。從台中舊城區（就像大家比較熟悉的台南安平或中西區）日治時期建造的三級古蹟舊火車站出發，號召有興趣成為城市說故事的人，加以培訓，並客製化的梳理城市紋理，讓旅人可以很快獲取城市的前世今生及享受所提供的各項在地服務。至於給付的對價，採取的是給小費的機制。

Chester 是正向且有企圖心的創業者，夫妻兩人一頭栽進這個項目。我親自體驗了一次，搭配正在推動的電輔車，從火車站出發，沿路有不少歷史故事，許多過去台中人記憶中的建築雖已不復見，但認真的團隊找到老照片一一對應，讓人感嘆歲月如梭，無限的唏噓。且經過台中近幾年努力改善市區景觀，像綠川、草悟道等，看得到台中的進步，是一趟輕鬆的街區走讀。這種有彈性且依旅人興趣安排的自由旅行模式，的確很適合台灣的很多城市。

但我一直很好奇的問 Chester，你的獲利模式？是一個平台抽成嗎？兩年多來，我一直沒有答案。但每次看到 Chester，他總是信心滿滿，告訴我成長得很好，服務的人數一直在增加，其中還有很大一部分是國際友人。統計資料還有一部分是培訓的人才數目也呈上升趨勢。只要有賺錢，可以存活，我應該放心才是。相較於已經成熟的島內散步團隊，我相信縱然商模不同，但想帶給旅人對在地的真實感與文化層次高的城市體驗，是有異曲同工之妙的。

心之谷——將「永續」的商機與理想結合

位於台灣大道旁的秋紅谷，相信大家都不陌生。這是台中市的重劃區，一度因為開發爭議涉訟而停止使用，終於在法律糾紛平息之後，讓這座「下凹式」的生態公園，成為繁華都市裡的身心靈體驗綠洲。雖然占地只有三公頃，但是周遭高樓林立，稱得上是「都市之肺」，兼具景觀、生態、滯洪、排水與調節空氣品質等多項功能。

二〇二〇年魚可文創事業有限公司取得秋紅谷的經營權，蕭順基、文蓓蓓賢伉儷是這個空間的主理人。坦白說，一個文創公司打敗財團，要經營及維運這麼大的場域，我有點替他們捏把冷汗。兩人過去辦「心靈影展」，希望藉由影像力量提升人們的幸福感，非常成功，所以他們的專業度是夠的。但畢竟與空間的管理不同，除了硬體要符合設定的核心目標外，軟體要如何建制與設計才能持續活絡，的確是個考驗。

二〇二〇年取得經營權後，秋紅谷的新定位，是「心之谷教育園區」，準備推動身心靈的全人教育，但碰到了疫情，實體活動停止，營運面臨挑戰，加上位處台中市的繁華區，或許有商機，但總有那麼一絲違和感。很快的，於二〇二二年轉型重新定位為「心之谷『永續』教育園區」，他們希望「以人為本、以自然為尊、以文化多樣性為依歸，引導大家去思考宇宙萬物共生共榮的概念，進而學習平等地對待他人、愛護自然生態環境」。這個轉型加上團隊的主動積極，非常成功的克服困難，找到綠洲。

Hello!
你好!
我在
Maple Garden
秋紅谷

林森 67
文化上等

心之谷也通過環境部認證的「環境教育園區」，進行自主碳盤查及自主碳抵消中和的民間OT單位，從此將「永續」的商機與理想結合，吸引更多人藉著心之谷的空間活化及生物多樣性的生態園區體驗，將永續的倡議與行動實踐推廣出去。蓓蓓說：「有感動才會有行動」，我看到努力的成果。

豐原漆藝資材行——漆藝產業復興之道

邱俊彰——豐原漆藝資材行的二代傳人，在「尋路共創塾」活動的分享會上，帶了許多精美的漆器製品到現場展示，就像個工藝博覽會似的，讓大家瞠目結舌，原來這些作品不是來自京都，而是台中豐原。聽俊彰說起豐原這個「台灣漆藝產業故鄉」的故事，再趕快 Google 一下，才知道台灣漆藝的發展，要回溯到日治時期。原台中縣內因有大雪山和八仙山兩大林場，提供了漆器工藝所需的資材，加上日本人曾經有計畫的拓展漆器事業，培訓了不少漆工人才，促成台中漆器產業的蓬勃發展。

但從台灣政府造林護林、禁止砍伐的政策實施之後，台灣幾乎不再生產木材，漆器製作所需胎體改用進口木材，加上漆器製作非常耗費時間與勞力，一九八八年後台灣的經濟環境也改變了，漆器產業面臨經營上的困難，日漸蕭條。現在漆器工業已逐漸移轉至勞力密集的第三世界國家，豐原地區的漆藝工業盛況不再，但還有少數用漆創作的工藝家。台中市政府在豐原設置「漆藝館」，期待做為台灣漆藝創新與再生的火車頭，以延續漆藝創作為使命，復興漆器乃至漆藝產業。

俊彰在豐原製作精美高工藝等級的漆器做為禮品使用外，也開發一些日常使用的器皿，以及讓遊客DIY，體驗漆器製作，並搭配公部門保存文化與工藝職人的技藝，讓具有在地特色的「漆器」工藝的歷史價值得以傳承，是文化永續的地方創生案例。

台南市——文化首都的地方創生在「溪北」展開

如果你搭高鐵南下，坐在右側的座位，過了嘉義太保站後不久，進入眼簾的就是以台積電所在而聞名的「南科」。除了一幢幢龐大的廠房、筆直整齊的園區道路、造型奇特的「台灣史前文化博物館」（南科考古館）外，你還會看到金黃色彩帶造型藝術的滯洪池。但你幾乎看不到路上有車在跑，也看不到人跡，偌大的面積，其實是個外冷內熱的科學園區，廠房及辦公場所內熱鬧哄哄，周遭卻寂靜無聲。

南科的產值已經直逼竹科，台南市也以擁有台積電而感到光榮。從十四廠到十八廠，這樣的發展通常會帶來地方的繁榮吸引移居人口，但台南市升格為直轄市十五年來，總人口不增反減，到底發生了什麼事？

台南市二〇一〇年升格為直轄市，總人口數為一百八十七萬三千多人，之後一直是南部七縣市唯一人口成長的城市，到了二〇一七年，是近二十年人口總數的最高峰，擁有一百八十八萬六千多人，然而二〇二三年只剩下一百八十五萬九千餘人，升格後迄今足足少了一萬三千多人，這個數據非常值得探究。

二〇二四是「台南四〇〇」，跨過四〇〇，擁有全世界最傲人的護國神山的文化首都台南、一個城鄉共存、有山有海的台南，要如何讓人口回流、不外流，我以為地方創生還是一帖最有效的藥方。

台南市全國知名度最高的地方創生典範案例，當屬官田烏金的李政憲，與大崎村落創藝基地、藝農號的林建叡。我在《美伶姐的台灣地方創生故事》中已有相當的著墨。三年多來，我們看到兩個團隊的進步與成長，產品類別更為多元（打造一〇〇種炭生活）、理念更為扎實（零廢棄經濟、食農教育）、商模更為清晰（2B），前來取經與交流的團隊也愈來愈多，值得驕傲。

兩個團隊創辦人都是移居者，在官田區這個只有兩萬多人的鄉鎮綻放能量。兩對夫妻攜手共創，循環經濟、體驗經濟，也都從事努力向下扎根的教育，讓地方創生多元生態系的版圖更為完整。基金會的南部代表董事顏能通，也自行出資在官田設了台灣地方創生基金會的南部據點，以此為中心串連南部的夥伴，為均衡台灣盡心力。（請參閱《美伶姐的台灣地方創生故事》第一九四頁至二〇一頁）

台南市的人口及發展集中在「溪南」（曾文溪以南），這是歷史發展的必然，但不是應然。升格為直轄市後，如何均衡發展，一直是公部門責無旁貸的責任，也是民意代表最關注的議題。但這三年來，我看到溪北地方創生的活力！

辻間創生聚落——活化舊建築的創生聚落

以過去台南縣治所在的新營出發，舊的縣議會重新修繕後，部分空間提供給地創團隊利用的「贏地」，讓返鄉或移居創業者有一個交流學習的空間。新營文化中心旁的警察宿舍群——辻間創生聚落，也成為在地創生的展示空間及體驗場域，進駐不少創業團隊，包括獲得「果醬界奧斯卡」獎的果醬男孩林韡勳的甜玉軒、獨立書店野冊 730、法式文化與甜點製作的巴黎兩隻貓等團隊，透過活化已有五十年歷史、閒置已久的空間再利用，形成創生聚落的中心。

璞育塾——產業與教育共生的基地

黃雅聖是璞育塾的創辦人，也是靈魂人物。數理背景學霸出身的他，從國中資訊課程代課老師的經歷，開啟他陪伴弱勢學生的不悔之路。二〇二二年，後壁國小對面的日式宿舍，成為璞育塾的第一個產業與教育共生基地，希望透過農產推廣，成為支持在地教育發展的力量。數年下來，璞育塾已成為一群在地青年深耕地方教育的品牌，大企業如鴻海的基金會，也與其合作，協助擴展偏鄉的補救教育系統，讓更多孩子的學習可以延續，孩子的需要不漏接。今年他們將協助溪北地區開發出最在地的鄉土教育教材，從國小開始真正認識故鄉，進而認同家鄉。

仙湖休閒農場——打造人山共存的美好關係

吳侃蕾是位於東山區仙湖休閒農場的二代，父親吳森富是我在台南市政府擔任祕書長時認識的民間友人，為了讓農場成為合法的休閒農業，花了很多工夫與精力配合公部門要求，完成水土保持及環境改造，終於取得許可。農場裡除了種植大面積的椪柑、柳丁、龍眼外，也養蜂製作龍眼花蜜。特別值得一提的是，他們用傳統「焙灶寮」焙製龍眼乾（桂圓），焙灶寮是一種以山林材料依山而建的設施，也是昔日農家生活的場域，經過六天五夜柴焙煙燻出來的桂圓，層次感超乎想像，真是人間極品。

侃蕾返鄉接掌農場後，帶進了更多的文化與生態的內容，讓仙湖農場不再只是農家的活動場域，而是屬於大家的「人與山共存的美好關係」的連結地。一場他在台北政大公企中心有關「永續實踐—共築綠色影響力論壇」的分享，驚豔了在場的所有人。

這個位於台南東山嘉南平原旁的淺山區，是一個值得前往體驗的祕境，也是仙境之湖，因為晨間、黃昏及雨後的雲海，讓山頭看起來像座湖中小島。海拔兩百七十七公尺的獨立山頭，所有住宿空間迎山而建，山頂草原的戲水池，銜接遼闊山丘與平原景致，小動物漫步於草地和山林間，猶如夢幻仙境。

二代接班的仙湖農場，以休閒農業為載體，精進農作技法，接軌國際標準，導入智慧綠能減碳的加工技術，不僅符合永續的模式，也應對了人口與環境的變遷，更創造了在地的體驗經濟。

老木創生——為老木找到新生命

認識老木創生，是在台南市政府舉辦的一場地方創生診斷的活動上，聽了十數個團隊的簡報，而我的任務是評論及指導如何做簡報。印象很深刻，當天簡報的是個媽媽，不是故事的主人翁。她很緊張，但簡報內容相當精緻，有美學的設計，很棒的產品介紹，可是創生項目講得不是很清楚，隱身於官田，我卻從未聽聞，即便在官田當過區長的顏能通董事也表示不太熟。另外一個引起我注意的是它的名稱——「老木創生」，雖是本著對大地之母的敬意，以台語諧音「老母」創造無限希望命名，但似乎有先見之明，二〇〇五年創立時就用了「創生」，希望「延續物命，物盡其用」。

有了第一次的接觸，也瞭解他們做的項目應是「循環經濟」的類型，因此，就安排了時間到官田的場域及位於藍晒圖園區的賣店訪視。原來家中有個視老木頭如痴的爸爸胡智富，離開軍中之後就一頭栽進創作，並且到處蒐集老木料，分門別類的排放，就像個木料圖書館。

他的作品屬於細緻的工藝手感，保留大自然原貌的「藝術品」等級（ReWooden Art），與新竹湖口陳偉誠 ReWood 團隊致力於廢枯木再利用的「生活產業」，在目標客群上略有不同，但相同的是循環再利用最熟悉的校樹、庭園枯危木、古早舊木、老屋材、漂流木等本土木料，並找到新生命。

原來當天簡報的是胡智富的另一半娟潔，很心疼先生的辛苦，想找到突破點，所以積極參加我們第一次邂逅的那場活動。兩年多來，我看到一家三口（還有個當老師的女兒）相互支援、互補，努力學習，合力精進，基金會協助引進專業的建議及夥伴的串連，老木都接受，Logo 也由 Forestable 團隊重新設計，呈現簡單年輕化的品牌識別。創生路上就是要打群架，到處都有貴人，都有合作夥伴，老木創生的用心，讓人很放心。

山海屯社會企業——重塑地方文化價值

台南還有一個打不死的蟑螂，他是不斷擴展自己能量、愈挫愈勇的山海屯社會企業創辦人許明揚。我二〇一〇年到台南市服務時，就知道有許明揚這一號人物。他是台南的移居者，蹲點已超過十餘年，過去是社區總體營造與公民參與的先鋒。他是新化老街改造的參與者，九二一地震後新化警察分局覓地重建，舊建築與其花大筆經費補強修復，還不如做整體街區的改造，留給當地居民一個喘息的空間，結合後來「大目降文化園區」的規畫，修復日式宿舍群，連同街角古蹟的武德殿也活化再利用，讓整個新化區有了不同的面貌，是適合居住的地方。

再次見到明揚，是在「左鎮」，一個我非常揪心的城鎮。左鎮是國發會開始啟動地方創生計畫時，唯二以中央政府資源由上而下打造的示範案例之一。當初負責執行的是非常有經驗的日本團隊，也做了很精準的前期作業，可惜前導先行後續未迎頭接上，左鎮地方創生似乎呈停滯狀態，就連左鎮國中的無人機計畫，也隨著校長的調職而中斷。或許有人會說，化石館引進了許多的遊客，也開了新的便利商店，但左鎮過去十年的人口成長是負的百分之十七・一，總人口數四千三百多人，二〇二三年新生兒只有八位，屬於「極限城鎮」。

明揚的團隊基於特別的因緣，走進左鎮的老街區，我第一次前往時，周遭的公共場域有政府的經費在做環境的美化，街區老屋的修建，明揚計劃要做民宿，經過討論後，我建議先做商業性質的經營，將人流從化石館導流過來，聚積人氣之後才有底氣留人住宿，否則很難用「民宿」吸引人進來。再次造訪老街，就是商店開起來，人流也過來了，正在往好的方向走。

感謝明揚當初的分享，促成基金會與玉山銀行的合作，建構更適合更優惠的融資專案，協助平台上的夥伴度過難關，也引進了賴政達等年輕朋友，一起在左鎮老街區開設有人文溫度的山區嚴選農產好店，還提供短期就業機會，發展「專才換宿計畫」，希望持續滾動左鎮的關係人口，進而成為常住人口，活絡左鎮的整體發展。

台南有三十七個行政區，有歷史老街區、有海邊、有山區，自然生態豐富，人文地景更是各有特色，非常適合發展多元的創生生態系。溪北地區除了上面幾個團隊外，也有體育老師返鄉組成的將軍山農場、蓮心園照顧弱勢身障朋友的庇護與中介機構、後壁要做「翻轉農村造夢實踐家」的俗女養成村；當然還有一些屬於溪南

京兆

市區內的團隊，例如安平平安的施伯峰、接掌家中老中藥鋪大膽創新改變的博仁堂主理人周建文、赤嵌朋派商圈的夥伴，及8又二分之一藝術基地等，都在自己的創生項目上努力著。未來如何集結眾力，形成一個台南共好圈，再造台南光榮，是大家共同的課題與目標。

高雄市——港都與眾不同的地方創生夥伴

高雄港都的地方創生，依著林承毅老師「尋路共創塾」的規畫，指出活躍且有能量的團隊，以舊高雄市區的鹽埕叁捌地方生活，及旗山的台青蕉最為突出，其他團隊則大多在發芽及努力的過程中。

高雄有二十九個行政區，南北狹長，從最北的玉山到最南高屏溪出海口，長達一百一十一公里，是台灣最長、面積最大的直轄市。總人口數兩百七十七萬，是位居第三的城市，早已超越台北市。有超過三十萬人的鳳山及三民區，但也有少於一萬人的田寮、甲仙、桃源、那瑪夏，及只有一千多人的茂林區，單一城市的發展，仍有其未達均衡的現象存在。

高雄過去二十餘年來的重大建設沒有少過，捷運、機場、市立圖書館總館、藝文場館、高雄流行音樂中心、駁二藝術特區、亞洲新灣區，這兩年更因台積電即將設廠而掀起一波熱潮，也帶動房地產價格的升高。無可諱言的，高雄和我們舊時的工業區、加工出口區的印象已大不相同了，是個躍升的城市。

二〇二二年的「尋路共創塾」計畫訪問了左營建業新村，這是一個以「以住代護」的眷村活化案例，也是高雄市政府有別於其他縣市的創新做法，適度引進商業機制兼顧文化觀光，「流動部落」是其中一個基地，兩位主理人盧佳伶與黃婉容自許為學習型觀光的倡議行動家，要將文化保存落實在生活中，藉以培養對文化資產的正確認識與素養，開啟設計、圖文創作、策展、市集、DIY及民宿等商業項目，並經營「眷村趣遊」的體驗遊程，帶進眷村新的活力。

我們也造訪了位於橋頭糖廠內的橋仔頭白屋，這是一個活化的台糖閒置空間，假日其實是有人潮的。白屋的兩位主理人林依璇與洪毓伶曾參與糖廠保存運動，最後成為園區部分的經營者。整個基地通過「環境教育場域」認證，除了原為橋仔頭糖廠招待所的活化利用外，園區內的地標——茂盛有型的雨豆樹，及其後方的舊員工宿舍，經過經營團隊的規畫，由民間出資修復，重建為藝術展覽空間，提供環境友善的美學、飲食，並延續「橋仔頭糖廠藝術村」的夢想，延攬藝術家進駐創作，目前以專業藝術展覽、糖業文化導覽、幸福事業—戶外婚禮、生活藝術與教育課程、創造藝術節慶與區域觀光連結為地方創生項目。

鹽埕區是高雄市最小的行政區，不過也是充滿歷史與文化的老城區，擁有很多歷史建築，還有在地的經典道地小吃，這兒有個舊名叫「打狗」。北漂回到老家的邱承漢，有點像個傳奇人物，從金融界返鄉，從阿嬤創業時的老宅修建開始，叁捌旅居成了第一個火苗，品牌則是叁捌地方生活，這個空間還提供做為「鹽青相談所」。之後逐步協助舊公有市場的活化，為這個「青銀共市」的老市場迎來新生命，更歡迎年輕人進駐；另外依著老街區尋找老屋重新修建，一棟「銀座聚場」就這樣誕生了，仿古的裝潢與老物件擺飾，給人恬靜的感動，也給老城區帶來新面貌，得以創造鹽埕的關係人口，讓在地人對自己更有信心。

我結識的高雄地方創生團隊還不夠多，對於原高雄縣的區域，很期待可以齊步走，特別是面積大、人口稀少的行政區與原住民部落，應該都很有優勢，可以找出屬於自己的ＤＮＡ，發展在地產業，讓人口可以不外流及回流。

白屋
橋仔頭糖廠藝術村

提醒直轄市，地方創生沒有人是局外人

就台灣的行政區劃而言，小小的島國卻有六個直轄市，已有很多的批評，於此不贅。值得注意的是，台灣的人口七成住在直轄市，城鄉落差大，對國土均衡發展不利，尤其台灣面積小，一、兩個小時就可以從高山到海邊，許多障礙是「心裡的距離」，而不是「實體的距離」所造成。

六個直轄市在爭取重大公共建設時，應以同理心想想那些跟不上腳步的縣市，而直轄市行政區少則十二個，多則三十八個，彼此間仍有內部的不均衡，所以地方創生沒有人是局外人，特別是占盡優勢的直轄市，更應把自己納為局內人，努力做示範。我們期待的是二十二個縣市大家手牽手往前走一大步，而不是直轄市跑在前面，其他的都市快跑追！

從東海到太平洋的創生悸動故事

——基宜花東

台灣是海島國家，四周被海洋環繞，北濱亞洲大陸東側的東海、東臨世界最大洋太平洋、南部以巴士海峽和菲律賓遙望、西側以百餘公里的台灣海峽和中國大陸一水相隔，海岸線全長約一千兩百公里。

搭乘台鐵從台北車站出發往台東，我曾一度迷惘於我究竟是要北上，還是南下？因為車會經過基隆的八堵，換言之，東部幹線是繞過北海岸，再從福隆沿東部海岸南下的。

沿路除了隧道外，一望無際的太平洋，是這趟旅程中最大的喜悅與舒心！我的「再看見」地方創生故事，就從臨東海、位於台灣本島北端的基隆開始，再分享太平洋岸的台灣後花園——宜花東。

基隆——一座不再「Blue」的城市

二〇二三年的冬至，在一個冷颼颼的夜晚，我來到了基隆比鄰陽明海洋文化藝術館的前基隆市公車總站原址，在新打造成充滿設計感的「國境之門——玻璃屋」＊，參加「水巷內產業發展協會」的年會。這個成立於新冠疫情期間，但快速凝聚返鄉、留鄉、移居在地夥伴的協會，短短三年，讓我見識到基隆再起的生命力！關鍵人物就是打造和平島為國際永續旅遊島的宏岳國際總經理黃偉傑（阿傑）。

基隆是個雨港，受限於腹地與天然環境，發展遲緩，基隆子弟多半南漂到台北市及新北市求學及就業，待在家鄉的時間，反比留在都會討生活還少。儘管北海岸是著名風景區，但人潮始終往野柳、福隆走，而不會進入基隆，所以基隆給人的印象，一直是老舊、沒有進步。

從事公職近四十年的我始終相信，再舊、再老的城市，如果透過有遠見、有執行力的公共治理，絕對有機會翻轉。我們見證了基隆過去十年努力蛻變的成果，林右昌市長功不可沒。

當天晚上，協會會員全員到齊，我看到老朋友，也認識許多新夥伴，意外的是許多在台北或在各種場合結識的創業家，都來自基隆，帶來不少驚奇與讚嘆。阿傑花了很長時間介紹夥伴，說他們返鄉的故事，以及為這座城市打拚的面貌，個個都令人驚豔，原來基隆臥虎藏龍的人才寶庫就在這裡。

我告訴也出席這場盛會的基隆市長謝國樑，基隆新一代的產業發展人才都在這裡，未來市政建設有任何需要，水巷內協會的八方人才絕對可以滿足需求，既多元又頂尖，根本就是一個完整的產業生態系。加上他們對地方的熱情、活力，一定可以讓 Blue 的城市迎向陽光，展現基隆的魅力。謝市長也謙虛的說，要感謝前任市長打下的基礎，他會努力讓這些人才盡情發揮，接續前任，把基隆打造成一個脫胎換骨的城市，迎接全世界的旅人來體驗。

和平島——距離台灣最近的離島綻放海洋魅力

阿傑是觀光科班出身，他有計畫的打造自己的人生。服替代役時特別申請在交通部觀光局服務，追隨台灣最強的觀光媽姐婆——賴瑟珍局長，見識觀光政策與執行的第一把手經驗。服完一年半的替代役後，開始從事國旅導覽工作。

二〇一二年，他放棄不錯的年薪，返鄉創業，跌破不少人的眼鏡。當然過程也

＊ 這個空間後來稱為「WeR 國門廣場」，規劃設計提出「零點廣場」概念，象徵基隆做為台灣通往世界的起點，自建港以來以水路、縱貫線鐵路和公路為出發點。是一家以舶來品為主題的台味港景餐廳，透過餐飲與選物，向全世界散播基隆帶貨產業魅力。

不是一路開綠燈順遂前行，因為和平島過去基於國安及環境設施的安全（落石、潮汐）考量，採用封閉禁止進入的管理方式，讓距離台灣最近的離島與常民生活有了一定的隔閡，更不用談具有世界級美景的阿拉寶灣，與壯闊的地質生態及藍色海洋資產。和平島在記憶中，總是陰沉又遙遠，國際級生態地質島嶼的美好，就這樣被埋沒了。

隨著場域的解封，政府部門在公私協力的大趨勢導引下，引進民間資源參與經營，終於讓和平島的活化露出曙光與利基。阿傑與和平島的結緣，曾經「三進二出」，幾乎快被打敗。然皇天不負苦心人，他帶領團隊，用創新手法，貼近消費者遊客需求的體驗內容，盤點出和平島十餘公頃的人文地景、地貌與歷史故事，包括之前的業者私自挖池子養殖九孔，後經禁止透過轉型運用，變成現在的無邊際天然海水泳池。除了戲水外，還可以近距離接觸海洋生物，打造一座親海近海的場域。並用合理友善的管理取代禁止的措施，讓旅人透過環境教育知海。為了提升旅遊品質，採用分時與總量監控模式營運，遊客分流結果，總營收不減反增。二〇二三年推出的「二十四小時不斷電深度遊程——島畫會（Chill Together）」，這全新的體驗模式，成為和平島的亮點。

基隆和平島，一座距離台灣最近的離島，由阿傑的團隊打造成低碳的永續旅遊型態，讓和平島地質公園契合 SDGs 指標，也創造回饋當地的影響力，是典範案例。

為了符合永續發展的目標，和平島成為當時（二〇二〇年）亞洲唯一取得ISO 20121永續認證的國家級景點，翻轉和平島的刻板印象，是北部最吸引關係人口的場域。未來期望再結合各式海洋魚類與生物的加工，成為北部漁產加工與附加價值產品的販售所，並結合基隆為台灣遊輪母港的利基，將國外遊客留在基隆，而不是路過、錯過的城市。海洋是基隆的最大資產，就在和平島開始綻放魅力。

雞籠卡米諾、星濱山、嘿路島民——翻轉雨都印象

除了水巷內產業發展協會及宏岳國際經營的和平島之外，基隆市在台灣地方創生基金會平台上，還有致力於「委託行街區」振興的邱孝賢團隊，結合基隆的創生基地，成為擁有文化故事的重要新藝文街區。三年來，已擺脫昏暗、鐵門深鎖、毫無活力的巷弄印象。

另外，一群在地青年組成的「雞籠卡米諾」文化解說團隊，透過走讀沉浸體驗，讓遊客更瞭解基隆的歷史脈絡與文化底蘊，深受喜愛。而移居基隆的林書豪，則透過設計服務的品牌力星濱山，以「策展、活動、設計」帶動地方的地域振興，

特別是利用廢棄魚網客製的吊燈，深獲好評，成為許多名人雅舍的空間擺設，都讓基隆真的不一樣。

我在《美伶姐的台灣地方創生故事》中特別關心的「老漁村八斗子的文化復興之路」（第七十四頁至七十八頁），在疫情期間，原來經營的團隊陸續退出，還好解封之後，陳懿勝嘿路島民團隊後來居上，相信會帶來八斗子的下一步發展。值得一提的是，國立海洋大學在研發長張文哲及嚴佳代教授的帶領下，讓海大的學生不管留在基隆深耕或協助市政府規劃在地創生整合計畫，履行大學的社會責任USR，都對地方有相當的貢獻。

基隆是雨都，長期以來，雨在基隆人的心裡是個負面的名詞與現象，商家做生意也和農民一樣要靠天吃飯。阿傑與夥伴透過數位工具改變這一切。一群鍵盤俠邀集商家做起雨天的生意，讓天氣不好阻絕遊客的劣勢，翻轉成雨天不用排隊，反而成為可以悠閒享受的優勢，透過「亭仔咖 LINE 官方帳號」，讓遊客知道哪裡有空位、哪裡有優惠、哪裡有美食、好玩的地方，創造新商機，商家遊客雙贏，雨天不再 Blue。科技與數位經濟新模式，解決商家長期困境，打開新的一扇窗，挺過疫情、數位轉型發了功，台灣地方創生的策略之一「科技導入」，也得到見證。

委託行
委託行街區
尋路
共創塾
2022
地方創生見學旅

基隆 朝聖之路
Keilong Camino

宜蘭——看見在地生活，天天有朝陽

來宜蘭迺菜市場——走讀菜市場的前世今生

我在宜蘭中福酒廠一場像是簽書會的交流活動中，認識方子維。年輕的臉龐下戴了大大的黑框眼鏡，掩蓋不住他炯炯有神的眼睛。年紀很輕，卻打扮得像個老頭子，並自稱「少年阿公」。戴一頂黃色鴨舌帽、一條鮮豔黃色毛巾掛在脖子上、穿一件竹紗製汗衫、捲起褲管，加上一雙真的都是老人家在穿的塑膠拖鞋，很有親切感。當天沒有太多互動，但對他印象深刻，因為他開啟的，是一個全新的地方創生模式——直接在傳統菜市場內做食農教育與走讀，夢想透過市場找回農村生活的樣貌，這就是他口中的「來宜蘭迺菜市場」。

宜蘭市兩座具有歷史代表性的傳統市場，原是日治時期的公有零售市場，後因都市計畫開通馬路，一分為二，成為「南館」及「北館」。市場略顯老舊，但機能超強，裡面販售的商品，除了各類日常用品、生鮮食材、食品外，從出生到往生必備的用品、中西藥鋪等一應俱全，人一生的縮影都在裡面了，功能強大，難以取代。但畢竟年代久遠，建築老舊，改建或翻新，常常成為政治人物樂於提出政見或碰觸的議題。唯歷史告訴我們，成功案例固有，捅個馬蜂窩難以收拾的也不少。

我真正隨著少年阿公走進南北館市場，的確就是在二〇二二年縣市長選舉，擬參選人在準備提政見前夕。子維直覺，南北館市場可能又要再次面對不確定的未來，每兩年一次的選舉，就來討論一次、捍衛一次，是不是很累人？可否共同找出一些可行方案，不要一直拘泥在「拆除」、「改建」的選項上？有沒有另一種選擇的空間？

曾去過歐洲或日本旅遊的國人都有這樣的經驗，那就是逛當地傳統市場，就可以瞭解他們的生活方式與習慣，甚至在蔬菜水果攤上，就看得到真正的庶民文化。台灣的傳統市場何嘗不是呢？只不過，過去傳統市場的陰暗、潮濕、吵雜、價格不一、環境髒亂給人不好的印象，所以傳統市場很快就被窗明几淨的超市與便利商店取代，失去代表在地文化的優勢與活力。在社會進步的過程中，我們應對症下藥加以改善，讓傳統市場重新站回它應代表地方、土地、歷史、生活、文化的精髓，吸引人走進來，也讓國際旅客透過傳統市場，更瞭解台灣島上的常民生活樣態，何樂不為？

跟少年阿公方子維來宜蘭酒菜市場。

走進南、北館市場，一改我對地方傳統市場的印象，這裡環境通透，陽光可以照進來，空氣流動，地面不骯髒也不潮濕，子維還在空下來的攤位及牆上，裝飾許多關於食材的教材，與一些展現當地特色的畫作。一些市場內常駐的店家也在做轉型及傳承，兩代共同經營的中藥鋪、西裝店，都是很好的案例。子維返鄉時，曾參與阿公的農作，對農業及農產品也有深入研究，透過他的解說，就連國小的小朋友也聽得津津有味。

子維曾在澳洲留學，增長了見識及語文能力。他透過自媒體，讓「來宜蘭酒菜市場」的品牌漸漸打開知名度。除了當地國中小學生的食農與生活教育課程，可以在菜市場這個教室裡實作，孩子從中瞭解家鄉農產品及食衣住行育樂、婚喪喜慶的傳統，更吸引國外遊客與媒體記者特別前來採訪。每每我在子維的臉書看到不同膚色的造訪者，都讓我非常雀躍，因為這就是透過生活體驗的最佳地方創生模式，也是愈在地愈國際的證明。

疫情期間，由過去海洋大學的社區規劃師歐陽瑞蓮、新竹市東門市場的陳泓維及方子維，集結關心地方傳統市場的夥伴，組成「市場俱樂部——用地方創生將市場串起來」的群組，定期舉辦線上交流活動，彼此關心，交換訊息，很令人感動。

這個群組分享及拋議題的能力極強，期待他們更加緊密的關心公共事務及尋求解方。

子維從宜蘭市傳統市場出發，將這種在地的生活體驗，由人、文、地、產、景所呈現的台灣生命力故事，做為吸引國際人士前來的誘因，也感謝交通部觀光署注意到台灣地方創生的案例，讓子維成為觀光大使，前往新加坡、日本及美國，介紹台灣傳統市場的故事。期待以子維在宜蘭的典範做法，讓所有政治人物重新看待台灣傳統市場應有的前世今生與未來展望。

朝陽社區——我最心疼的一群南澳在地耆老

我與宜蘭南澳朝陽社區李順義里長，及社區發展協會的一群耆老，結緣於我擔任行政院祕書長任內。這群可愛的老人拿著厚厚的陳情書來訴說，當初政府公地放領政策，獨漏了南澳的土地，希望有機會補救。財政部說，公地放領政策已經結束，不可能重啟。老人們說，這是你們的錯，難道不該補償我們嗎？土地沒有解編的機會，形同他們擁有的土地一直被綁架，剝奪私人財產權使用的權利。

我向林全院長報告，我們應該有一個小組，去克服法規的困難解決民怨，還土地於老百姓。啟動後不久，我轉換了工作崗位，不在其位，不謀其政，也沒有立場過問。再次見到這群耆老，是為解決茶籽堂趙文豪（小木）所面臨的法規問題，在南澳朝陽社區與他們不期而遇，從此結下更深的緣分。

茶籽堂在朝陽社區的故事，我在《美伶姐的台灣地方創生故事》第一一六頁至一二三頁有不少篇幅的介紹。書出版後，小木與社區美好的相遇與互動，也一直是我分享的典範地方創生案例。三年來，我和小木也曾聯手同台演出很多場次，因為，我們都有共同的信念，茶籽堂不只是品牌、不只是代表台灣土地的產品，她還有著與土地共同打造出來、最有溫度的「人的連結」。

小木不只在南澳契作種植苦茶樹、在朝陽社區開設五星級的概念體驗店、結合星展銀行在社區建置共享空間，二〇二一年他正式遷籍成為南澳居民，和在地居民、社區夥伴成為一個大家庭，命運共同體，要一起為地方努力，讓朝陽社區成為令人嚮往的幸福生活所在地。未來這裡會是個生產代表台灣的苦茶油莊園，讓台灣在地有價值、有代表性的產品，像歐洲酒莊，提供更好的在地體驗場域。

回顧我與李順義里長和社區發展協會的夥伴重逢之後，看看近五年來朝陽社區的遭遇。

朝陽社區是一個三面環山，一面面海的美麗小漁村。雖然居民人數漸漸少了，人口也老化了，但這是個充滿人情味與溫馨的地方，社區發展協會扮演非常關鍵的角色，老里長也是曾任社區發展協會理事長的李順義，在這裡備受尊重、支持，不是沒有道理的。

在茶籽堂開始契作種下茶樹那一刻起，大家都沒有閒著。他們分工整理漁港周圍的環境，透過茶籽堂設計團隊的規畫，及公部門經費的挹注，公私協力，漁港周遭環境大大的優化。通往漁港的大平台不僅提供完善的停車空間，也透過設計建置一個觀海公園，線條簡單優雅的小水池、綠草如茵的草地，提供遊客在海邊休憩冥想、小朋友奔跑嬉戲的好地方，公共洗手間有茶籽堂免費提供的洗手乳，供大家使用。搭配之前林務局已完成的國家步道，讓朝陽社區有了不同的面貌。

最近完成的通往海邊的步道（含無障礙設施），可以近距離安全的觀賞海景。而那些躺在沙灘上的消坡塊雖然無法移走，但至少融合在整體景觀中，不再那麼突兀。堤防的安全性也加強了，讓遊客更親近大海，是看海療癒身心很棒的場域。

漁港旁的朝陽小鋪販售當地小農生產的作物、朝陽客來香餐廳提供新鮮漁獲烹煮的海鮮料理，料美實在，獲得好口碑。假日遊客增加，前來茶籽堂體驗的訪客也絡繹不絕，在此就業的居民有了穩定的收入、生活得到保障，大家都在各自的崗位上為自己的家鄉奉獻著。「美好祥和」，是我對南澳朝陽社區的定義，也是我對她的期待。

二〇二三年年初，這群耆老發現，漁港的海景第一排被鐵皮柵欄圍起來了。原來政府允許民間在此蓋一間製冰廠，一旦蓋起來，將遮閉漁港到大海這一覽無遺的美景，之前辛苦經營的環境改造，將功虧一簣。

老百姓不解，台灣不是民主國家嗎？攸關地方權益的建設，為什麼政府沒有召開說明會，或聽聽在地居民的意見，就準備動工呢？再者，當地漁獲已慢慢減少，在此蓋製冰廠的真正效益何在？老百姓自然會如此納悶著。

由於耆老們年事已高，當他們憤憤不平時，小木擔心影響身體健康，只能一邊安撫他們，一邊尋求是否有轉圜的餘地。我做為他們的老朋友，被他們所信任，幾番前往南澳聽他們吐苦水，也漸漸瞭解了地方複雜的派系與政商關係。和平的表達意見後，老人們心也平靜下來了，因為做不了主的事，就放下吧。別和自己的身體過不去！

然而，接下來小鋪與餐廳不斷的被檢舉，這群老人開始抽絲剝繭，釐清問題出在哪裡？小鋪與餐廳營運正常，起建時沒人說違法，水也接了，電也通了，財務報表都依規定陳報主管機關。然而卻被檢舉不符環保汙水排放規定、使用食材不符食安標準，結果均證明檢舉不實。

但事情尚未結束。緊接著的檢舉，是土地使用不符規定、占用國有地、水溝用地，屬違法使用，須限期拆除，且急急如律令。選舉在即，感覺公部門有著極大的壓力。坦白說，誰不想合法，但前人造的「業」，事實的釐清需要時間，解決的方法有時也是很難刀下立除的。

經營小鋪及餐廳的主體是社區發展協會，協會是公益組織，所有收益均公開透明，且用在當地的社會福利，填補政府看不到的需求，每一分錢明明白白，且受主管機關的監督，可昭公信。這兩項收入，攸關十數人的就業，及朝陽社區居民的福利支出，一旦拆除，沒有立即找到替代的場域繼續經營，馬上有人失業、有人得不到照顧。政府的限拆，難道不能多一點溫暖？本於政府照顧老百姓的立場，協助這群老人找到合法土地，遷移後再拆除，這段使用時間則用徵收使用補償金來彌補？

當一切努力獲得的回應都是無法緩拆，只能求諸自己的此刻，老天爺在當地信仰中心——天后宮旁，給了朝陽客來香繼續營業的機會。協會決定，自己拆除觀海公園旁的小鋪與餐廳，因為那是眾人用盡心血設計打造出來的安全建築，所有資材拆卸後，都可以再利用，需要細緻且專業的拆除。

二〇二三年十二月十八日是朝陽客來香新址開幕的日子，我刻意前一晚抵達，主要是想和耆老們敘敘舊，並讚嘆一下他們。邀請卡這樣敘述著：

朝陽社區的地方創生，即將迎來新的里程。漁港餐廳「朝陽客來香」，將以全新面貌嶄新迎賓。用十個設計巧思，餐桌上的十道菜，海裡的十條魚，邀您用一段悠閒的午後時光，與我們一起深度體驗港邊的「里海生活」風情，見證地方創生的時代跨頁。

主廚謝勝雄（阿雄師）說，社區在面對漁港印象及人口外移的危機之下，如何尋求新生的方式，是他們朝陽囝仔的心願。一間小小的餐廳，端出的是一道道吃得到「永續」滋味的在地風土人情。

餐廳開幕當天不只是地方盛事，小小漁村擠進了好多外來人，包括中央部會的好幾個重要機關的副署長級長官、媒體記者。宜蘭縣大家長林姿妙縣長也全程參

朝陽客來香
HANAWA
SEAFOOD

與，並和大家話家常，聊聊地方關心的議題。李順義里長很感慨的對記者說：「地方創生最困難的兩件事，一個是如何讓已經習慣既有生活模式的長輩，願意接受改變。另一個是如何在政府的輔導及補助外，對外爭取經費與資源，讓地方創生能真正做到永續經營。」一語道破真正地方創生的使命。

我祈願這群耆老，不再有煩惱，身體健健康康！朝陽社區有你們護持，未來會更好，天天都有「朝陽」。

花蓮——洄瀾，愈來愈有自信的太陽的故鄉

很多人不知道我是花蓮人，我也樂於不被問起花蓮事，因為我答不上來，是一種慚愧心。我十五歲離開花蓮，到台北讀書、工作、生活，所以，人生大半歲月都在天龍國度過。但我不關心花蓮嗎？不，我當然關心！手握有公權力時，花東基金如何協助花蓮的建設與發展、〇二〇六地震時如何協助花蓮重建、恢復元氣，我都願意走到第一線。開始地方創生後，花蓮當然是我義不容辭必須全心投入的縣市。

花蓮的人很親，花蓮的土很黏！花蓮縣政府的粉絲頁上這樣介紹著：

花蓮有好山、好水、好人文，吹著太平洋的風，享受著遼闊的大海，看著巍峨的高山，花蓮擁有豐富的自然景觀、獨特的地形風貌和多元的人文氣息，一同沉靜在後花園的美。

當花蓮不再被稱為「後山」，被賦予落後形象時，稱她是「台灣的後花園」，會是一種神祕與美好的氣質展現。

最近在許多與學校有連結的活動中，遇見來自全國各地的校長。多位從花蓮師專畢業的老師，現在都成了校長，分散在台灣各地。當他們侃侃而談年輕時在花蓮求學的日子，滿是美好的回憶與想念。原來，我離鄉背井從花蓮到都市，有一群人來到我的故鄉生活與學習。每個人和土地連結的因緣際遇各有不同，但精采與豐富的人生並沒有太大差別。

這三年多來，我回花蓮的次數多了，一方面是地方創生的推動，故鄉在招手，我結識了許多在地的好夥伴；一方面是結識了一群花蓮在地的熱血公務員，看到他們的努力，很是感動。我開玩笑說，你們只要發通告，我使命必達。當然還有想要找回兒時記憶的想望，所以和小學同學的聚會，也是我到訪花蓮的誘因。

在《美伶姐的台灣地方創生故事》一書中，我特別說明花蓮是台灣面積最大的縣份，地形狹長，從最北的秀林鄉到最南的富里鄉，南北長約一百三十七．五公里。人口密度不高，總人口數這五十年來沒什麼增減，大約還是在三十一、二萬間徘徊。但因土地南北狹長的關係，人口多集中在北邊的花蓮市與吉安鄉，兩個城鎮就占了全縣半數以上的人口。吉安鄉與人口數位居第三的玉里鎮相差六萬人左右，人口數最少的豐濱鄉只有四千多人。足見花蓮或受限於地理環境及腹地，整體發展原本就不均衡。

近年來因為交通改善，包括鐵、公路，讓花蓮聯外交通時間節省了不少，例如台北直達花蓮市的火車，只需兩小時就可抵達。二〇二三年夏天，花蓮舉辦「Meet花蓮創新創業嘉年華」，當天不少講者從彰化、台中、新竹一日來回，所以「遠」不能成為藉口，重點還是活動內容值不值得前往。我也發現，有不少企業家或公務員在退休後移居花蓮長住，換言之，交通不再是花蓮發展的阻礙，關鍵還是如何定位自己及建立自信心。

我個人和徐臻蔚縣長的互動不少，她還是立法委員時，確實問政言詞非常犀利。但成為父母官時，我看到她的溫柔，及對縣民的關懷，也看到女力在職場的堅毅精神。縣府同仁都說縣長好像不斷電，隨時都在工作，都在想要如何嘉惠縣民，如何讓花蓮更好。感謝徐縣長對地方創生工作的重視，讓花蓮的團隊愈來愈多，目前在基金會平台上已經有二十二個在地的團隊，位居第三名。

將軍府 1936 園區——融合過去與未來的文創園區

台灣地方創生基金會東部代表董事任聿新（Rush），一個東漂的中生代，十八年深耕花蓮，從家咖哩、定置漁場三代目拉麵店、魚刺人雞蛋糕咖啡店、漁夫俱樂部、東昌小吃部等，為花蓮的餐飲業打開知名度，也成為花蓮的品牌，每個點、每個店家，都是排隊名店，引起風潮及話題。Rush 深愛花蓮的生活環境，他常說到台北時總被人群驚嚇到，好想趕快逃回花蓮大口深呼吸。都市人的奢侈，是鄉村的日常，這也是一種城鄉差距嗎？

與地方的連結愈來愈深時，中生代的他，使命感也好、對下一代的責任感也好，就會驅使他更關心地方的整體發展。花蓮受限於交通與地理環境，本來就不適合做大面積的開發，相對於西部的發展，總讓人扼腕。但這其實不是壞事。花蓮天然資源豐沛、民風純樸，適合定位為精品慢生活的步調，歡迎全世界的人來這裡 long-stay。Rush 投入地方創生後，對土地與人關懷更為提升，他承接了將軍府 1936 園區的經營，我們心中自有答案。

位於花蓮美崙溪畔的日式宿舍群，興建於一九三六年，原為花蓮港廳軍官的宿舍，包含當時日本陸軍在花蓮最高指揮官中村三雄大佐的官邸。附近居民不知道這位大官的身分，只知道是一名官階很高的大將軍，就統稱這個聚落為「將軍府」。

這個宿舍群距離花蓮市區不遠，就在我的母校——明禮國小附近，小時候上學來來去去，從不知這裡有如此美麗的日式建築，因為蔓草叢生，都被淹沒了。所幸在文化部再造歷史現場計畫的支持下，花蓮縣文化局歷時三年細心修復，這個園區會有一棟縣定古蹟及七棟歷史建築。因為都屬於雙併的格局，所以會有十六個空間，已於二〇二三年完成復舊整修，是一個融合歷史與現代感的文創園區。

Rush 將以「花蓮人的客廳」為理念，在這座歷史建築中，注入當地生活及特色，讓花蓮人擁有一個體面且能誠心接待外地親友的場所。園區內有許多植栽、步道旁有夜間照明，還有休憩空間，及兼具防災滯洪的景觀水池，將這裡打造為花蓮的新亮點與新地標，值得期待。

過去政府在修復日式建築或老屋的過程中，往往只著重於硬體本身的修復，忽略了長遠的永續經營規畫，導致全國許多文創園區閒置，形同無人問津的「蚊子館」。將軍府 1936 園區打破窠臼，採取創新的經營方式，園區內每一棟建築都將訴說一段獨一無二的花蓮故事，讓十數位主理人透過他們的產品，創造屬於自己與花蓮這片土地的深刻連結，並與大家對話。園區也將吸引國際遊客前來體驗，讓他們深入瞭解台灣與日本的歷史淵源。

將軍府 1936 園區於二〇二四年四月一日正式和大家見面，誠摯邀請國內外訪客前來參觀，相信您會享有一場很棒的身心靈盛宴。＊

＊ 將軍府 1936 於二〇二四年四月一日開幕，兩天後的四月三日，花蓮遭逢規模七．二的強震，所幸所有建築平安無恙，可以照常營運，店家也對自己充滿信心，期待暑假能迎來久違的旅人，帶動花蓮經濟的復甦。

將軍府

將軍府

練習曲書店——熱血教練為小鎮注入活力

位於花蓮新城鄉的練習曲書店，主理人是胡文偉和 Lulu（被教練騙來花蓮的嬌妻），相信大家都認識，也熟悉他們。本於對棒球的熱愛，及對原住民孩子的關心，兩人在新城落地生根。除了當起爸爸媽媽的角色，照顧球隊孩子的生活外，也經營一個多半供借書，而非賣書的「書店」。店裡累積數萬冊藏書，限於人手，實在沒辦法整理。

二〇二三年四月，我邀請遠見天下文化教育基金會的同仁前來協助，透過他們在圖書分類與歸類的專業，重新打理這些藏書，期待透過這次努力，提高書籍的使用及流通率，也讓空間變寬敞，為訪客提供一個更為舒適的閱讀與品嚐咖啡的環境。這幾年來，文偉懷抱著更大的夢想，期望透過「浩鎮」的概念，讓新城活絡起來，重新出發。

我大姑姑的婆家在新城，我對這裡並不感到陌生，姑姑家對面是車站，表姐夫則經營一家電影院，表姐在剪票口坐鎮。記憶中，新城曾是繁華的。然而，現在新城人口約兩萬人，街區老舊，給人凋零的感覺。儘管如此，這樣的一個小鄉鎮，過去幾年因佳興檸檬汁爆紅而吸引大量排隊購買的遊客。但這些外來客似乎購買後就匆匆離去，並未對當地經濟帶來太大效益。

事實上，新城的街廓內，藏有不少充滿故事的場域，值得一探究竟。例如，練習曲書店旁的天主堂建於新城神社原址，天主堂入口處還保留著鳥居，除了蘊含豐富的歷史故事外，教堂本身的建築設計也值得欣賞，更成為拍照的熱門地點。此外，街區內還有 Lulu 經營的豆花店，店內使用廢棄的小學課桌椅做為陳設，桌上刻滿了小學生的童言童語，帶回了童年記憶，不禁讓人莞爾一笑。佳興檸檬汁隔壁有間老相館，保存許多老記憶，還有陶藝老師的工作室，以及新近加入的米甜甜圈專賣店等。因為這些改變，新城的人潮慢慢增加了。

文偉擅長空間的改造。他租下台電在新城的閒置營業所，將之轉變為展覽空間，改造過去的幼兒園，為球隊孩子提供更好的住宿與生活空間。此外，他還計劃將多餘的空間打造為教室，或在地解說走讀的空間，這些點都可以串連起來。

二〇二四年春天，文偉在台電營業所打造的山海百貨正式營運。他邀請了富有創意的私廚「慕名」，設計融合當地特色的「九宮格」定食，其中包括台東知名店家粨發粨粽的阿粨。二樓匯集了花蓮在地產品的選物店，並設有兩個小型策展空間。三樓則是一個供人交流的研討室。山海百貨試營運期間已掀起一股熱潮，我們期盼這個新據點能夠連結更多在地居民，結合傳承到第二代的佳興檸檬汁的創新精神，吸引更多移動與關係人口佇留於此，讓新城往日風華再現。

文偉是多方位的人才，他的規劃與設計能力，時有好作品推出。其中，位於花蓮市區仁愛街又一村文創園區旁的白色平房建築「想你電台」，前身是閒置多年的公賣局宿舍，經他設計為滿牆黑膠唱片、卡式錄音帶的實體電台概念空間。表面上是咖啡甜點的販售場所，實則是用故事與記憶堆疊出來的空間。相信這正符合田智宣文化藝術基金會董事長張美慧，以過去做為廣播人的經歷，所期待呈現的空間，而這正是文偉的創作。

人因夢想而偉大，有願就有力，我也這樣期許著文偉。但要翻轉一個地方談何容易，更何況還要兼顧整個球隊孩子的照顧與教育，這已占去他與 Lulu 大部分的時間。這份負擔雖然甜蜜，但在資源有限的情況下，的確不容易。我對他的堅持與毅力深感敬佩，卻也對他的辛苦感到有點心疼。

新城位於前往太魯閣的路上，但如果不特別轉進來，很容易就錯過了。不過她距離花蓮市不遠，我以為或許可以變成衛星城市，讓花蓮市的人口外溢。這兩、三

練習曲

山海百貨

年來，新城開始吸引大的旅宿業者進駐，可能是業者看好新城能成為前往太魯閣或從秀林鄉來的旅客提供更多住宿選擇，旅客可以在這個小鎮享受悠哉時光。所以新城完全有機會發展出具有在地特色的餐飲和文化歷史觀光景點，留住關係人口。

多羅滿賞鯨——以船為路，走向開闊海洋

相信居住在台灣的人都不會否認：我們是海島子民，但我們對海是陌生的、我們對海洋是不親近的。

我們也常說，台灣是個海島國家，但中央政府專責海洋政策統籌規劃與推動執行的機關——海洋委員會，為什麼遲至二〇一八年四月才正式掛牌成立？

翻開台灣地圖，四面環海，二十二個縣市，六個離島（金門、澎湖、馬祖、蘭嶼、綠島、小琉球），本島除了台北市及南投縣外，其他縣市均有「海岸線」，也有「海邊」，為什麼台灣沒有傲人的「海洋產業」？沒有可以向國際發聲的海洋文化與故事？

這個議題的答案，相信很多人一定會圍繞在政治環境與民主化進程上說嘴。就

算過去真的基於國安，但台灣擺脫威權統治，民選總統已超過四分之一個世紀，政黨也已輪替了三次，我們的國土利用思維框架，從來都沒有海洋元素，我們的教育與人民的行為還受到制約，沒有迎向大海。何時才能看到台灣的優勢之一——海洋，真正成為台灣人自信傲人的資產？何時能看到政府提出宏觀且清晰的海洋政策？

二〇二三年一部熱播韓劇「非常律師禹英禑」，講的是一位有非凡天賦的自閉症患者，在律師這一職業上大放異彩的故事。戲劇中巧妙融入了鯨豚知識，意外成為鯨豚教學的佳作，不得不佩服韓國在文化內容產業上的用心，讓觀眾在追劇時，也學習到豐富的海洋知識，這才是真正的寓教於樂。

多羅滿（Turumoan）一詞在民間流傳的故事中，是西班牙人對花蓮的讚美語，形容這塊土地盛產沙金，沙金閃閃發光的樣子。在花蓮港經營賞鯨船的多羅滿團隊，將之延伸至海上清晨的金色陽光，同樣的閃閃發光，別具意義。原來海洋就像金石一樣，是我們寶貴的資產。

在花蓮深耕許久的多羅滿團隊，早已突破海上觀光旅遊的框架，打造了一個海洋文化與地方創生結合的發展基地，以船為路，走向開闊海洋，由黑潮海洋文教基金會專業研究人員負責導覽解說，讓遊客瞭解人與海洋生物之間的良性互動。每一次的出海遊程，不僅是對海洋的致敬，也是一堂豐富的鯨豚科普教育課程，期間也會記錄鯨豚生態、進行海洋教育與科學調查。每張船票的收入，有一部分撥作環境教育基金，支持黑潮海洋文教基金會持續進行海洋研究，不僅推動海洋生態旅遊，更為花蓮環境教育奠定深厚基礎。

總經理呂世明是專業的經營者，對海洋生態保護抱持著極大的熱誠與信心。他不是公司的所有人，但他所帶領的在地青年團隊，給海洋文化與鯨豚教育做了一個非常棒的典範結合。參與者不僅有機會觀賞到各式各樣鯨豚美妙的身影，還能從海上體驗台灣之美，以及對海洋深刻的感動。

我曾三次於不同季節出海，行前都有專業的解說，這是花蓮唯一提供此項服務的業者。我對是否會和鯨豚相遇，都沒有抱很大的期待，覺得全憑緣分，沒想到每次都有驚喜。出海後，黑潮基金會負責專業解說的老師會介紹鯨豚種類、花蓮海域常見的種類，和牠們的生態習性。

當船往外海行駛時，一旦發現鯨豚蹤跡，解說老師會以時鐘方位指引乘客觀看。此時船長會關閉引擎，讓船隻靜靜的在海上飄。解說老師會指導大家如何安靜的觀察鯨豚，避免興奮的叫囂驚擾牠們。透過智慧型手機的功能，我們記錄下可愛鯨豚

寶寶的倩影。即使沒有遇見大群鯨豚，搭船出海享受海風及感受波浪的起浮，加上老師的精采解說，都讓我增長知識，也滿懷期待下次一定要再來享受這份感動。

集大陳——找回記憶與文化傳承

認識集大陳（小羊社會創新工作室）的趙孝嚴（笑笑），是在二〇二二年「尋路共創塾」計畫中，花蓮的其中一個實地訪視點。隨同前往的，除了林事務所的林承毅老師之外，還有基金會東部代表董事Rush。我們在天色漸暗的傍晚抵達，車子轉進社區的停車場時，在花蓮已生活近二十年的Rush，說他也是第一次到訪。

我們抵達大陳故事館。一樓設有三個里的辦公室，二樓是展覽館，這個列在花蓮市文化觀光資訊網景點之一的故事館，於二〇一五年正式開館，由公部門負責經營管理，致力於推廣大陳島的歷史故事、保存大陳傳統及阮弼真君信仰。不過知名度似乎不高，館內靜態展覽雖然內容豐富，但如果沒有現場解說，參觀者可能很難有感動。

大陳島的人民，因為國共內戰而來到台灣。當時的國民政府為了方便管理，將大陳島的居民分配在全台各地五個大陳村落，其中座落於花蓮市美崙的復興一、二村，是全台大陳人最多的地方。今日的大陳一村仍保留得相當完整，只是大部分房舍人去樓空。這裡的建築頗為特殊，道路高於房舍，居民要由道路下樓梯，才能進一樓大門。每棟建築均為二層高，坪數不大，可能是依當初前來的家庭需求量身訂作的吧！

笑笑說，她的曾外祖父母、外公外婆以及媽媽，當年從大陳島撤退來台灣，她算是大陳人來台的第四代。在她成長過程中，家人間很少講述撤退來台的往事，對大陳島的認識，是長大後從文獻資料中得知。她發現關於大陳的歷史資料稀少且零散，就連教科書也輕描淡寫的帶過，令她感到不滿。祖先跨海來台，就像移民，生活從零開始，這段歷史應該妥善記錄與保存下來。

笑笑原來在工研院工作，因為想念媽媽的薑茶，二〇二〇年回到花蓮的大陳一村，也開啟了她保存大陳文化的動力。除了薑茶，還有許多屬於大陳人的味道。那些小時候的日常，都應該讓更多人瞭解與傳承。於是她透過重現食物的記憶，努力復興大陳的文化，並成立工作室，創辦「集大陳」品牌，同時啟動「大陳新村地域復興計畫」。

笑笑很精進，很認真，也很懂得運用自媒體與數位工具，號召年輕朋友，用創新的方法找回記憶及傳承的工作，她的夥伴平均年齡僅二十初頭。二〇二三年，她在基金會和企業對接ＥＳＧ的推動媒介會上表現出色，受到許多企業的重視。正如她接受媒體訪問時所言，雖然不確定會不會成功，但做就對了。

地方創生就是要找尋文化歷史的根，串起土地的連結，發展可以永續的產業。笑笑以大陳新村做為場域，讓大陳文化得以傳承，所有創意都可能造就一個生態系，實現人文地產景發揮的綜效，我們期待與祝福，並攜手一起努力！

牛犁社區——跨進地方創生的社造先鋒

信義企業集團創辦人周俊吉董事長從二〇〇四年起推動「社區一家」補助計畫，成績斐然，有目共睹，超過千個以上遍及全國的社區受惠於這個計畫，為社區做出一份貢獻。其中，花蓮壽豐鄉的牛犁社區，是其中的佼佼者。

自從二〇二一年台灣地方創生基金會成立以來，周董事長就一直希望將過去受惠於「社區一家」的團隊，介接到地方創生的夥伴，完成未竟的志業，讓地方的發展更好，於是安排我與「社區一家」的計畫團隊交流。

趁著基金會的「尋路共創塾」走踏地方的機會，我來到距離花蓮火車站大約四十分鐘車程的壽豐鄉，依著門牌號碼，終於找到外觀樸實的辦公室。裡面擠滿了工作同仁及滿桌子資料，讓空間變得非常狹小。有些工作同仁在電腦前處理厚重的文件，進行資料的登打及記錄，另一旁的同仁則是在整理各式各樣的教材，準備接下來長照課程所需的各種配備，忙碌情形可見一斑。

辦公室附近，有一處另人眼睛為之一亮的空間，牆上掛著拼布畫，每一件作品都栩栩如生，是尋常生活的寫照，也是教材。這些作品是由拼布老師朱秀蘭帶領團隊，結合在地的媽媽共同創作的成果，既是藝術作品，也是社區教學的材料。另外，為了讓年長者健康特別設計的「寬口足弓山海襪」，也是很棒的產品。

林承毅老師長期在政府部門擔任審查委員，幾年前就透過申請計畫案件開始關注牛犁社區，並結識在地的二代楊富民。牛犁社區組織的正式名稱是「社團法人花蓮縣牛犁社區交流協會」，成立於一九九五年，當初是以「牛若肯做，毋驚無田倘好犁」的精神，開啟了社區總體營造的工作。二〇一七年後，開始由返鄉、移居的青年，及第一代社造夥伴的後代接掌，是世代交替成功的案例。目前，協會有二十

大陳
小花
島嶼遷移的民族
梁小花

小羊社創
334
生財
顧客如川流不息
大陳
小花
島嶼遷移的民族

幾位正職人員，都很年輕，分為六個組別投入照顧地方的工作。我能隱約看出有二〇〇五年社區總體營造「六星計畫」的影子。

接班的二代協會成員觀察到，相較於青少年能夠獲得完整的青春期教育，一般人對老化的相關知識是較為不足的，所以致力於「老有所用」的核心價值，推出一系列「助老」、「認老」與「用老」的任務，結合年輕人的創意，與關注銀髮議題的工作，研發推廣教材，並到各個社區輔導及授課，教材費用成為他們的主要收入，成果受到肯定，獲獎無數，成為典範。

參訪當天，由二代接班的文化組組長楊富民，帶我們看了當地廢棄的戲院，及修建完成的據點，預告未來他們將與附近的團隊結合成創生夥伴，透過這個據點的修復及活化，締造更多創業機會，讓協會累積二十年的基礎可以再提升。

後記

就在本書完稿前夕，花蓮發生台灣自九二一以來最大的地震，不幸中的大幸是震央在海底，不在陸地，傷亡沒有九二一那般嚴重，財物損失則待盤點。佛陀在

《八大人覺經》中說：「世間無常，國土危脆」，世間沒有一件事是恆常不變的。面對大自然，我們都要謙卑，要居安思危、未雨綢繆，隨時做好應變的準備。花蓮繼二〇一八年的〇二〇六地震後再一次受創，對地方的發展確實帶來重大影響。但沒有太魯閣的花蓮更應展自信，發覺更多的美好，台灣後山海洋城市、部落文化，還有許許多多「精品」，亟待我們開發及規劃，共同努力來守護家園，並讓她成為台灣的驕傲。

台東——獨一無二的「慢經濟」

二〇二一年十二月十三日，我受邀出席勾勒二〇三〇台東未來願景的《慢經濟in台東》政策白皮書發布會。

當天，台東十六位鄉鎮長一字排開，接受饒慶鈴縣長的贈書，宣示台東的品牌就此建立。縣長說：「台東擁有健康自然的生活環境以及獨特的慢生活態度，所以，『慢經濟』是最適合台東發展的道路，縣府要用行政效率的『快』，支持崇尚自然、品味悠閒的『慢』生活，『一快一慢』正是台東推動慢經濟的核心理念。未來十年縣府團隊將持續以快思維、高效率，營造台東有品味的生活質感，打造台東成為全世界認識台灣的第一站，歡迎更多喜愛台東的民眾東漂或二地居，讓台東成為更多人心中的第二個家。」

我非常讚嘆台東的企圖心，這樣的定位看得出台東的自信與不隨波逐流，於是「創造一萬人來一百次的感動」成為台東執政團隊的 Slogan，我們正看到她的綻放與發酵！

講述台東推動慢經濟理念與做法的出版品，除了二〇二一年由遠見天下文化事業群執行的《慢經濟 in TAITUNG》外，二〇二三年縣府也與《天下》雜誌合作，發行《hen 慢的臺東》，向國人行銷台東。兩本實體書都內容豐富，執筆人高水準的文字能力及精美高檔的編輯，確實達到廣宣的效果，其中不乏涉及地方創生的美好故事，令人喜愛與感動。

我的文筆絕對比不上專業的文字工作者，也不想重複既有的描述，所以，台東這一個章節，我將以對人物的瞭解，讓讀者更清楚的認識到，地方創生推動的關鍵是「人」，而這也正是我在台東看到的「與眾不同」。

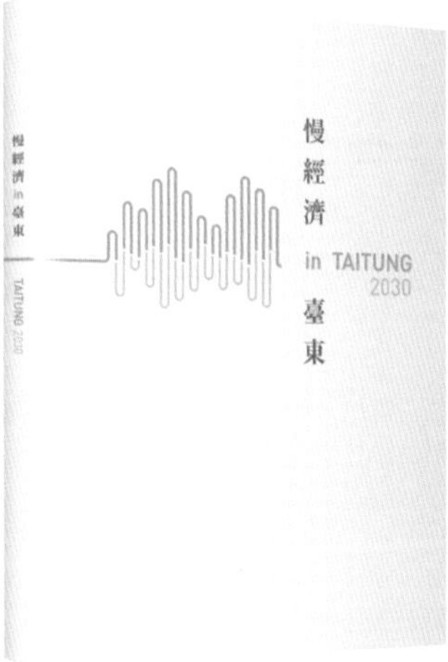

2 | 1
3

1 饒慶鈴縣長帶領縣府團隊，以快思維、高效率，營造台東有品味的生活質感，打造台東成為全世界認識台灣的第一站。

2 講述台東推動慢經濟理念與做法的出版品《慢經濟 in TAITUNG》。

3《慢經濟 in 台東》二〇二三政策白皮書發布會。前排右起：服裝設計師沙布喇・安德烈、台東大學校長曾耀銘、台東縣副縣長王志輝、易遊網董事長陳彥甫、台東縣縣長饒慶鈴、台灣地方創生基金會董事長陳美伶。

我與台東的「深緣」與「親緣」

二〇二〇年五月離開公部門後，並沒有很多人幫我找工作。經過半年多的沉澱與思考，我找到人生下半場的志業，於是與地方創生有關的邀請，我的原則是時間、體力許可下，就全力以赴。就這樣，我二〇二一年擔任台東地創團隊輔導的總顧問，開始認識新朋友、連結舊朋友，讓緣分有「起」、有「續」。

二〇二一年參加徵選的團隊中不乏因疫情回到台東，或移民台東的年輕臉龐。很湊巧的讓評審策略性的選出五個團隊，分別來自北台東（長濱的烤茶地、關山的關點工作室）、中台東（台東市的 STEPOUT）及南台東（太麻里環山雅築、大武達興山號），達到均衡的目標。

疫情期間，台東確診案例相對較少，然而雖有好山、好水、好空氣，仍難免受到影響，對剛要啟動的團隊而言，是莫大的挑戰，而我卻從中看到了機會。原來當空中飛人的旅遊新創好朋友，都被疫情鎖在台灣，於是，一個美好的因緣就發生了，所有重量級人物（包括 KKday 創辦人陳明明與財務長 Jenny、風尚旅行社總經理游智維、My Taiwan Tour 創辦人吳昭輝、AsiaYo 執行長鄭兆剛等）全被我邀請到台東來，幫團隊做診斷及提供建議。

短短一天的交流與訪視，已讓大家腦袋洞開，有了全新的思維，也更認識自己，及找到未來的方向。

環山雅築——不只是民宿的設計遊牧師文廣

環山雅築的楊文廣是太麻里在地人，意外（或者應說是衝動）接手民宿，貸款金額在我看來簡直是天文數字，這孩子哪來的勇氣？即便山上（金針山）環境再好，但地點偏遠，交通不方便，誰會來？他所提的計畫，只有規劃步道、生態導覽，並做一些指示與導覽簡介牌，不禁要問，吸引力何在？縱使執行完縣府一年的計畫，恐怕也填不了肚子的一個空隙。

還好，文廣不是學觀光管理，而是擁有設計專業背景，且還年輕，可以斜槓，先靠設計維持生計，同時找出路經營民宿。

一場交流會下來，這些台灣旅遊平台的大咖，異口同聲支持透過活動、專案，特別是設計實境解謎、密室逃脫等遊戲，將旅客不定時的帶回這個場域。換言之，文廣賣的不是房間住宿，而是場域的活動，要將原來地理位置不佳的劣勢，翻轉成為優勢。

參與一場實境解謎的遊戲，至少需要三天兩夜，住宿加上餐飲，全部都在這個場域發生。另外，遊戲內容需要設計，文廣及團隊有能力設計出具有吸引力的故事，因為他們是一家開在全國海拔最高的設計公司，用此品牌讓遊客趨之若鶩，總是一推出就秒殺。這種創新型態的經營方式，讓環山雅築的經營步上軌道，且帶來了營收。

除此之外，文廣每年發起徵選活動，邀請設計師來到太麻里，幫當地原民部落做產品或服務的設計體驗，這個「設計師遊牧計畫」已辦了五年，獲得相當多的讚聲與肯定，文廣也與當地部落建立了感情，大家形成一個共好的生態系。過程中，文廣結識了另一半，在二〇二三年升格當上爸爸。

去年年底，我在南迴永續旅行聯盟的年會上，看到文廣與理事長武撒恩共同為南迴四鄉的永續發展盡心盡力，設計數位管理工具，令人感動不已。我見證到愈偏鄉、愈數位是可能且可行的，事在人為，未來的南迴會因為有這麼一群人，而變得更不一樣。

達興山號——一路前行看不到車尾燈的佳佳

達興山號的謝榕佳（佳佳），和在五星級飯店當主廚的先生結婚後，一直在北部工作。隨著兩個孩子出生、長大，她覺得必須讓孩子認識自己的根。因此，在疫情暴發之前，舉家搬回先生的老家——大武鄉。他們在台九線旁的自家打造一家類私廚的特色餐廳，店名是門牌號碼的諧音——達興山號。

我在評審時，這個女生深深觸動了我。首先，她不是原住民，但穿上排灣族的傳統服飾，看起來完全的融入當地且從容自在；其次，過去在旅遊業工作的她，口條極佳且笑容滿面，親切感十足；第三，說到自己老公的手藝，她眼中流露出對他如同天才廚師與魔術師般的手藝的敬佩與自豪。他把西餐、中餐各種料理的精髓，與原民部落特色結合，做出獨一無二的特色料理；最後，她談到返鄉使命，是為了孩子的教育、認識原鄉到部落的發展，且她早已擘劃出一個美好的願景。

儘管有千百個應該給她機會的理由，但聽到媒體報導南迴唯一一家便利商店即將關門的消息，不免擔心她的客人從哪裡來？一天兩餐座位數不到二十人，如何維持一家四口的生活？餐點定價很親民，獲利率想必不高，回鄉的生活品質可以滿足嗎？所以，當我帶著旅遊新創重要人物第一次到達興山號用餐時，有驚豔、有讚嘆，同時也給了滿滿專業的建議。佳佳虛心接受，並在很短的時間內做了調整。後來因為疫情衝擊，實體餐廳禁止內用，她順勢轉換為野餐箱、露營箱，讓客人把美味帶著走，離開台東時可在乙地返還箱子，為受困於疫情之中，仍想出外走走的人們，找到了一個可以和大自然接觸，又不必擔心沒有好食物的絕佳選擇。

五星級飯店水準的佳餚、創新方便的用餐方式，達興山號在疫情期間創造了一枝獨秀的業績。族人開始對這位回到部落的漢人女生感到好奇，深怕她只想賺錢，會帶來過多人潮，破壞當地的寧靜。佳佳知道融入在地生活與文化是她迫切的功課，必須讓族人信任她，未來大家一起為家鄉努力，才能事半功倍。

三年來，佳佳做到了。兩個孩子快樂的成長，先生在部落發現許多美好的食材，努力研發更棒的餐點，一家人生活得更有滋有味。此外，透過媒體報導與前去體驗的客人分享，達興山號漸漸成為南迴之旅必去的餐廳之一，知名度大大提升了。當腳步慢慢站穩後，佳佳開始協助部落的學校募集活動經費與物資，餐廳的客人成為贊助者，美好的事物就這樣發酵了。

疫情稍緩時，佳佳說，昔日她在北部工作的朋友邀她一起去露營，她的回答是：「我家就是露營區啊！前門走出去一百公尺是太平洋、後面是大武山，要去走阿朗壹古道會經過我家，我天天都在露營。」從這個回答，可以感受她回到部落的幸福與快樂，這就是地方創生追求的目標。現在的佳佳，被創生大咖們形容為「一部看不到車尾燈的跑車」。她不但有中心思想，且有創新應變的思維與方法，更有對家鄉的熱情與愛，是可以放飛的團隊。

關點工作室——堅持理想不受控的 Ellen

關點工作室的陳顥予（Ellen），是個個頭小小、一身俐落打扮的女生，算是移居東漂的青年。媽媽在關山經營非常有名氣的纏民宿，房間不多，但環境清幽。因為哥哥專業的用心打理，被譽為民宿五星級早餐名店。這個無人不知的民宿，不論空照或地面照，都讓人嚮往。

而 Ellen 則是計劃要架設一個網站，讓更多人瞭解關山的美，遊客才不會只進池上而錯過關山。架設網站的技術專業，網路原生代的 Ellen 絕對有能力做到。但內容呢？如何取材？事實上，Ellen 在初寫計畫時，確實尚未到位，後來甚至碰上一小段撞牆期。直到她開始認知真正有價值的內容，都在當地長輩、居民及耆老身上後，就一路開綠燈。

她從蒐集資料、建立與鄉民的信任關係開始，到獲得第一手的街區故事，每家店的前世今生與蛻變軌跡後，聰明的她馬上抓到重點，做出精采絕倫的網頁，吸引遊客的好奇，參與走讀。她不自己唱獨角戲，而是讓有故事的店家融入其中，成為共同的講古人。故事是活的，而不是長在 Ellen 嘴巴的聲音，透過這樣的互動交流，自然帶來感動。她甚至在已拆除的老戲院原址播放電影來勾起居民的記憶，讓原已安靜的街道活絡了起來。

就在我看到成果展現時，一天晚上，她帶我到警察局關山分局前一百多公尺的一個閒置店面，跟我說，她租下來了，準備開店！空間格局相當不錯，隔壁是個餐廳，或許會有人潮。但整修費用呢？我在屋內看到不少老物件，比如小時候記憶中的木門、鐵窗，看來都是她想利用的素材。她想開書店，但是，一個實體書店，在這個小鄉鎮如何維生？

不到三個月，「里壠案內所×關山有機書店」誕生了。她憑著自己的美感直覺，使用廢材，用空心磚、門板等，打造成簡單的工作檯、書桌、書架、不同高度的椅子，牆上還有畫作等裝飾，是一個輕鬆舒適的空間。

書店開張了。可以租書、交換書，也可以坐下來喝杯飲料，品嚐的不只是咖啡香，更有書香。Ellen 要用實體書和在地人、利害關係人搏感情，實現愛鄉的夢想。開張後不久的三天連假，Ellen 開心的說，營業額有三、四千元。在同一條街上的痴愛玉老闆娘若外出教學未營業，遊客也不會失望，因為多了一個有質感的恬靜去處，相得益彰，也讓值得品味的關山老街有了新亮點。透過實體書店和地方產生連結的新可能性，在全國各地遍地開花，真的就是地方創生所看到的不可思議！

痴愛玉——從與眾不同茶點跨入食農教育的珮甄

我在《美伶姐的台灣地方創生故事》（第一五〇頁至第一五三頁）中曾經介紹過痴愛玉的吳珮甄，她的精典用語：「接受愛玉的『普通』，矢志要做到讓愛玉『與眾不同』」，是她的使命。她在關山分局前的老宿舍，以咖啡廳的規格打造出「高尚、優雅」的愛玉專賣店，我非常推薦。但書出版之後，許多慕名前往的朋友常回報說：「美伶姐，痴愛玉今天沒開。」撲空的機率好高，我自己也吃了好幾次閉門羹。心想，難道鎮民真的不看好她？

驚喜的答案是，愛玉姐去上課了。珮甄的使命，是要顛覆大家對愛玉的認知。愛玉不只是夜市裡一杯十五元的飲品，更是台灣特有的珍貴資源，應當得到傳承與教育的重視。原來，愛玉在六大類食物中屬於堅果種籽類，有豐富的膳食纖維及活性酵素膠原質，熱量非常低，且有助於消化系統的循環，更能促進新陳代謝。珮甄用愛玉的「原形」取代「模型」，製作了教具，帶著這些「實物」，從當地學校開始，當起了傳教士，從如何種植、愛玉小蜂（榕小蜂科）的授粉、愛玉果實的性別（公與母），到製作愛玉，用令人難忘的教學法，讓孩子們親自體驗。珮甄親和力十足，在教學中與孩子的互動也幽默有趣，得到極大的回饋，教學因此成為她的最愛，店當然就無法天天開了。老闆娘可不是閒著，她去教學了。

儘管如此，珮甄還是非常用心的開發新產品，及研發愛玉產品的無限可能性。二〇二二年台灣地方創生年會在台東，晚宴時我吃到了「麻油雞愛玉」。珮甄說，純的愛玉遇熱不會融解，所以「燒愛玉」是可行的。兩者結合可讓燥熱感消失，吃麻油雞會上火的人，透過愛玉的中和，冬天也能享受到愛玉美食。下次再到關山，一年四季都有適合的愛玉可品嚐。

痴愛玉的菜單中有「檸檬紅茶愛玉」、「玫瑰拿鐵愛玉」、用初鹿牛乳洗出來的「牛奶愛玉」，還有搭配小米酒、啤酒的愛玉套餐可供選擇。二〇二四年新年伊始，我邀請珮甄北上，和來自全國的國中小校長交流，校長們個個瞠目結舌。台灣的食農教育、科學教育、鄉土教育的方法與內容，真的還有很大的改進空間，從珮甄對愛玉的「痴」與「狂熱」，可以得到見證。地方創生的重要，難道不是「教育」環節版圖的補充嗎？下次到關山，想吃愛玉、學愛玉，記得先上網查一下，免得撲空！

海癒小村咖啡店——氣質美女紫宸給太麻里增添溫度

太麻里華源村的周紫宸，是一個顏值、氣質極佳，且得過文學獎的年輕作家。她離鄉十年，頂著高學歷，在疫情期間決定回到故鄉。家裡的長輩無不展開雙臂歡迎，因為紫宸是第一個回到華源村的二代，姑姑、阿姨、舅舅們都表達會全力支持，阿公、阿嬤雖然看不懂孫女的心思，有著擔憂，但「回來就好」，應該是他們的最大安慰。

我認識紫宸，是在她已獲選為二〇二二年台東縣政府計畫輔導團隊之後的第一次現場訪視。我們驅車從台東市區，沿著台九線來到太麻里的華源村。所謂「訪視」，應該是指有特定的場域，讓委員顧問們瞭解計畫的可行性，並提出建議。當天，我們是在一座宮廟的偏間裡交流。我們聆聽紫宸的介紹，也看到路旁小山坡上的房舍，或許是極具潛力的場址，但八字沒有一撇。總之，一切真的從「零」開始。

先看環境是我的習慣。我發現這個路段車水馬龍，呼嘯而過的汽車不僅數量多，且速度極快，因為這是南迴從台東往屏東方向的起點，想要攔截過路客難度頗高，必須有吸引力，消費者才會專程停下來。馬路的另一邊，是南迴從屏東到台東的終點，右側則是美麗的太平洋。從海灘上來，是公部門建設的平台休息區及停車場，平日、假日都聚集了不少攤販、行動咖啡車，是眺望海洋的理想休憩站，自然就「結市」了。然而道路的兩邊，風水上的陰陽，就算不信，也是現實。

猶記當天幾位委員的意見，雖有建設性，但似乎並未達成共識，還需要紫宸這個在地人自己好好梳理及盤點資源。隔了一個季度再度訪視，知道紫宸拿到了一個老屋修繕的計畫經費，要將一棟閒置的中藥店改造成為療癒的咖啡廳，在這個小基地裡，發揮自己的文學與藝術背景，透過實體書、讀書會與大家交流。至於原來計畫的生態與文史導覽，則因交通運輸工具的缺乏，暫緩執行。收斂計畫範圍後，看起來是可行的。我看到紫宸年輕的臉龐下堅毅及不服輸的性格，相信計畫應該會順順的走。

這段期間，我從原形屋看到規劃及施工中的好幾個階段，見證一個返鄉女力的執行力，令人感動。而我能提供協助的，就是「募書」。感謝遠見天下文化事業群，正好有一個企業公益募書的計畫，讓基金會平台上的三十個夥伴團隊，可以得到性價比超高的圖書，藉著這些實體書與訪客交流。

二〇二三年春天，海癒小村咖啡店正式對外營業。四月中旬，我們包場辦了一場台東夥伴的交流，對於這個小小空間，有老屋的印記，也有文青的氛圍，更有書香的陪伴，的確吸引了專程前來，並坐下來好好品味的朋友，而非路過借用洗手間的隨手一杯牌。

一年多來，除了經營一個有品味的療癒小咖啡館外，紫宸在社區裡擾動，結合華源村的媽媽家政班、社區發展協會及產銷班等長輩，一起參與從活動的規劃到執行，慢慢發現，海癒不只「外來客」，也有在地的「內來客」。猶如當地的信仰中心一樣，串起村民對自己的認同感。這種氛圍持續發酵，就可以看到村子的活絡，或吸引更多人移居來太麻里華源村。

我相信紫宸還有很多構想與夢想會逐一實現，因為她在臉書上說：「言必行、行必果。不怕試錯、浪漫熱情，不重虛表。相信這樣的我們，無論遇到什麼困境，腦動力團隊只需要時間，運用創意，就一定會做到。」我們深深的期待著也祝福著。

女兒不懂茶——以茶為師，讓鹿野的生命力暴發的廷瑀

鹿野女兒不懂茶的林廷瑀學的是藝術，從小嚮往要在有百貨公司的都會生活。但畢業後，工作一直沒讓她將心定下來，也好像找不到心之所屬。回鄉後，於二〇一九年創立女兒不懂茶品牌，短短四年間，創新方法幫茶產業走出一條完全不同的路，讓產品更貼近自然，年輕、擁有難以言喻的高雅氣質，令人讚嘆、感動。

談到鹿野，就要從二〇一一年開始的台東熱氣球活動說起。在鹿野高台的這個夏日盛會，正值暑假，每年都吸引大量人潮，也是很多父母必帶孩子去朝聖的活動。然而熱氣球是進口的，駕駛員是來自國外的面孔，缺乏與在地的連結。加上活動期間交通壅塞影響進出，還留下大量垃圾待處理。遊客在高台乘坐熱氣球後即前

往池上或台東市消費，鹿野鄉民沒有一點光榮感，也沒有實質獲利。

饒慶鈴縣長上任後，致力於找出屬於鹿野的產業DNA，期望幫地方打造屬於自己的品牌。二〇二二年七月一日由縣長帶隊，結合農委會的改良場及在地茶農，在台北松菸舉行記者會，向大家介紹以「梅花鹿」為形象Logo的鹿野紅烏龍茶品牌，正式和大家見面，並且用「慢茶學」（ART OF TEA）做為行銷手法，讓大家體驗台灣海拔最低的縱谷山區種出來的紅烏龍，帶有烏龍的香氣與紅茶漂亮的茶湯顏色，這正是代表鹿野的真正生命。

同年十一月中旬在南港展覽館舉行的食品展，我看到了顯眼的台東紅烏龍形象館。台東縣政府整合十四家業者，不論是二代或三代接班，抑或是老茶農，都用創新方法，為自己的茶找到與眾不同的定位與特色。從產品設計、品茶文化的提升，著實讓人眼睛為之一亮。

業者告訴我，他們彼此不是競爭對手，而是合作夥伴，一起打造鹿野產業品牌，讓世界看到東台灣獨特的茶文化。這不是出自公部門的宣傳，而是業者自主的發聲，這就是地方創生彼此串連、追求共好的典範。

廷瑀的父親是擁有四十餘年經驗的茶職人，父親告訴她：「在茶面前，我們皆不懂茶。」「妳的師傅，就是茶。」「在茶面前，我們必須謙卑。」因為不懂，更要不斷探索與學習。我看到一個三十歲不到的年輕女孩對茶產業的投入、精進，及她的聰明。

兩次到訪她打造的優雅空間，看到產品設計的用心，藉著品茶認識自己的內心世界，在縱谷大地間理解茶農與土地給我們的滋養。他們把製茶當藝術品來雕琢，透過茶，廷瑀用心述說兩代間的生命故事。我始終相信，台灣茶業不應只有手搖飲的市場，期待透過台東紅烏龍的品牌、廷瑀的女兒不懂茶，帶我們走向國際。

源天然——最美農婦逸嫻的米食新希望

源天然黑纖米的范逸嫻與羅永昌小倆口，是我最早認識的台東團隊，那時候還沒有啟動地方創生計畫，我是在農業新創的簡報提案現場見到他們。記得很清楚，我對范宗宸博士獨家培育的黑纖米品種有著高度興趣，請他們試著尋求國發基金會的投資。

黑纖米富含花青素及膳食纖維，二〇一二年他們從池上廢耕三十年的祖田開始墾荒，採用自然農法，期待在台灣冠軍米的大穀倉——池上，種出有差異化，又有益健康的米，維護國人的健康，同時也讓米食不要繼續凋零。夫妻倆很努力，也很懂得行銷及跨域合作，產品種類愈來愈多，目前不僅外銷到許多國家，小羅更在二〇二二年榮膺百大青農大獎，十年有成。為了擴大種植面積，他們取得花東基金第一筆投資，將產區擴大至關山、鹿野、東河等地區。

這兩年，逸嫻還在鐵花村經營微光集，打造和夜市迥異的高質感文創與具在地特色的聚落，吸引不少遊客前往參觀消費。兩夫妻深耕台東，要為台東下一代營造一個更宜居的城市，美麗的台東媳婦，有著滿滿的使命感。

小村遠遠——讓遙遠山間綻放香氣的人鼎

小村遠遠的陳人鼎與廖容瑩，為了守護並捍衛家園不受不當開發的威脅，而決定返鄉。他們聽說有人覬覦位於東和泰源幽谷尚德村這片美麗的山林時，兩夫妻毅然決然帶著兩個小孩回到家鄉，以自然農法、友善生態及林下經濟方式種植香草，讓香草適性成長，不但維持生態多樣性，更可提煉最自然的精油，製作香草茶、純露等生活用品，用大自然最純粹的美好，與消費者對話，照顧身心。

我第一次到小村遠遠，應該是在二〇二〇年秋天。驅車從台東市出發時，原以為半小時車程就可抵達。沒想到小路蜿蜒，一路上坡，真不知何時才是目的地。大約一個半小時後，抵達一片美麗的山谷，當天天氣奇佳，令人心曠神怡。人鼎一家四口，加上兩隻守護家門的狗狗，以及數隻黑羊，兩個孩子快樂的奔跑著。原來這個大自然就是他們的教室，在家自學，不必趕上學、放學，學習與山林共處、與動物交朋友，多美好的童年！

尚德村人口大約兩百多人，如何營造一個不破壞自然環境，且具高經濟價值，收益高的作物，改善村民生活，是值得努力的。台東擁有得天獨厚的條件，面對海洋的土壤非常適合種植香草。我曾經在海岸線上看到許多成功的案例，人鼎找到對的方向。

當天，除了剛從公部門離開，人生面臨重大轉折的我之外，還有一位剛剛創業的女性友人。人鼎透過精油的香氣，探知我們的內心世界，解讀我們的忐忑，就像算命師一樣，幫我們解謎。就在認識香氣的同時，也穩定了我們的內心，找到和自己身心應合的香氣，然後就掏錢買回家了。

辛勤耕耘總會帶來收穫，接下來我在許多場合都能看到他們夫妻，不是獲獎，就是在簡報提案現場，產品愈來愈多樣，他們透過美感設計，打開市場。二〇二四年初聽到好消息，小村遠遠將不再遙遠，來到台東的朋友，將會有概念店可來場五感體驗！

竹湖山居櫟見之丘——集傻子與瘋子於一身的痴情山林偶像賴金田

該用什麼形容詞，來描述長濱竹湖山居櫟見之丘的賴金田與許美菊夫妻呢？對森林著迷與執著的痴人？優游在大自然的幸福人？不食人間煙火的神仙眷侶？

二〇二二年初，聽說賴金田出席一項和政治人物的座談會，聊到自己在長濱山上種樹三十餘年，並且經營戶外營地，想瞭解更多有關地方創生的政策。幾位曾參加過營隊的夥伴和我有共同的朋友，於是促成我的第一次造訪。出發前，我研讀了許多報導。但我好奇的是，是什麼力量，讓這對夫妻從年輕到現在，將生命投注在這一大片山林裡？直到走進他們的世界，我恍然大悟，這是他們的桃花源，是他們身體裡的ＤＮＡ！

賴金田說，之前種植很多農產品，足以溫飽外，還有獲利。農忙之餘，這是一個野外的探索營地，寒暑假會辦營隊，訓練孩子戶外生活的韌性與技能，其中不乏每年都來學習與體驗的外國孩子。孩子長大後，還會回來幫忙，帶營隊也好、做植物生態研究也好，甚或只是陪陪像爸媽的金田與美菊。回到竹湖山居，就是回家，既溫馨又幸福。

曾幾何時，氣候變遷、生態環境改變，所有作物都遭猴子肆虐。沒有好收成，收入頓減，還要增加成本做各式各樣的防範設備，即使有效，也是短暫的，猴子馬上加以破壞，防不勝防。在政策上不准許撲殺的前提下，只好改種猴子不吃的植物，例如檸檬。收益大不如前不是最重要的事，而是生態如何平衡，才是金田心心念念的事！

金田愛樹成痴，親自種下數萬棵樹，尤以台灣原生殼斗科植物為主，竹湖山居大廳內數百種種子的標本，令人嘆為觀止。原來這裡是一座隱藏的野外生態學校，難怪一直有各層級的教師利用課餘前來蒐集教材及研究。

櫟見之丘平台上還可以眺望美麗的太平洋，也可以爬樹，更可以在山海之間品茗放鬆身心。如果想喚回兒時記憶，且沒有懼高症，可以試試那座特製的鞦韆，來個擺盪在空中的冒險體驗。

美菊問，他們做的算地方創生嗎？當然是！儘管客觀環境讓人文地產景五個元素各有消長，但全都俱備了，不是嗎？第一次造訪時，對這裡留下了深刻印象，這樣的生態教室與戶外探險，是台灣教育所缺乏的，心中立刻冒出幾位實驗教育的新創夥伴，一定要揪團再來。金田說，這片山林很適合開發滑索體驗。他們在山林中打造符合美國標準的五百公尺樹冠滑索道，於二〇二三年正式開放，就這樣，我們相約再見。

再次拜訪是二〇二三年九月，台東剛被小犬颱風侵襲，但高行政效率讓環境很快就回復正常。這一次我們搭火車到花蓮玉里，再接駁前往長濱，時間節省許多。我這個膽小不敢冒險的人，上去滑索道之前，真的需要充分的心理準備。但當我一跳下平台，開始在山林的上空自由滑動，呼吸著最新鮮的空氣，彷彿我就是森林裡的泰山，優游自在在林間，真是高級享受。這項經過美國最高標準安全規格檢視與設計的樹冠滑索，讓你在台灣也體驗得到，真是幸福啊！

對於竹湖山居的經營，我們期待在面對氣候變遷的挑戰下，重新審視並調整許多現行禁令。竹湖山居對在地的影響力，絕對是正面與肯定的。

打個蛋海旅——充滿理念、理想，從微小救地球的 Sam

打個蛋海旅主理人、南迴永續旅行聯盟理事長武撒恩（Sam），是個名人，二〇一五年放棄他在都會飯店的工作，返鄉在南迴四鄉創業，並掀起一個最永續的運動——「外帶要自備容器」，目的是要實現「友善、共好、環保」的理念。

隨著南迴公路、鐵路更為順暢，金崙湧入了許多遊客。但大量遊客對部落的生態維護衝擊不小，Sam 登高一呼，並協助大家建立好相關機制，更以身作則、身體力行，在自己經營或以OT方式營運的所有場域，都堅持不用一次性包材與容器，讓部落朝環境永續目標前進。

第一次和 Sam 見面，是在金崙力卡珈琲的小聚會上，第二次則在台東史博館虎比公寓的南迴永續旅行聯盟年會，召集很多在地夥伴，分享如何讓地方更美好的感動。南迴是台灣尾，族群多元，我看到樂觀的一群人，用最正確的方法深耕地方，不想著爭取大建設，也不手心向上等著援助，而是用大腦思考自己的未來，用雙手打造共好的部落文化，更用雙腳走出去，讓在地、永續的做法，在國際舞台上被看見。這幾年南迴的不一樣，美好事物正在發酵中。

認識及熟悉台東的團隊真的不少，邸 TaiDang 的劉誥洋、林怡萍賢伉儷、粨發粨粽的王禎壹、米國學校的彭衍芳「彭校長」、都蘭國的鄭宜豪、烤茶地的嚴凱莉、STEPOUT 戶外瑜伽的 FiFi、大武家家酒書房的潘美緣，還有在南迴努力的呂安，個個都是對地方有深厚感情的返鄉或移居夥伴。在這些故事中，我也意外發現夫妻檔不少，返鄉最需要家庭力量的支持可見一斑，唯有夫妻同心，一起奉獻，才能更深耕土地。我在台東見證了真正的在地幸福。

2021 台灣
創建地方創生臺東隊

源天然產區擴展記者會
RETHINK OUR FOOD

愛玉子

竹湖山居
TAIWAN JUHU FARMSTAY

智慧科技導入農業首都的驚喜

——雲林

二〇二三年，《天下》雜誌開啟了一個新獎項「天下城市治理卓越獎」，目的在針對縣市長的施政滿意度與城市競爭力，邀請地方政府分享符合SDGs的政策與專案，透過公私部門與區域合作，讓優秀團隊的專業能受到肯定，讓一座城市的解方，成為所有城市的答案。這個獎項的緣起，透過《天下》雜誌吳琬瑜執行長的頒獎致詞，我們理解了背後的邏輯思維。

台灣每兩年有一次大型選舉，基於勝選考量，大量的動員與社會成本的付出，造成只看見短期效益的政策及不斷開支票大撒幣的現象，而攸關老百姓生存與生活的結構性問題依然存在。具遠見的未來政策規畫如緣木求魚，根本不可得。專業文官的努力，全被政治口水給淹沒或搶走光環，不但對文官不公平，也影響士氣。因此，藉由客觀且有公信力的媒體來揚善抑惡，帶動風氣，轉移社會的價值觀，是非常有創意的做法。

第一屆拔得頭籌，獲得「年度卓越城市」的縣市是雲林。在評審團最後的討論中，雖然客觀分數呈現了這個結果，毫無懸念，但仍有些委員似乎覺得意外，且心中有若干疑惑。我猜想，或許在都會生活的人，對雲林刻板印象都還停留在負面吧？可是以我過去六、七年走踏地方的經驗，雲林真的已經很不一樣，不論地方創生還是公共治理，都讓人耳目一新。

不錯，有農業首都之稱的雲林，人口逐年在減少（二〇一八年有六十八萬多人口，二〇二三年只剩下六十五萬九千餘人）、新生兒也創新低（二〇二三年新生兒只有三千兩百零六人），二〇二二年已提前邁向「超高齡社會」（超過百分之二十以上的人口是六十五歲以上的老人）。這些現象都不是雲林縣獨有，而是台灣整體的現象，不能責備雲林。過去政治的不清明或有派系與道上兄弟的治安問題，近年來並未多聞，所以，要瞭解雲林的改變，請大家親自走一趟。

二〇一九年正式啟動台灣國家級地方創生國家戰略計畫時，國發會展開全國巡迴政策說明會，印象深刻的是，剛當選的張麗善縣長展現強烈企圖心，邀集縣府主管、鄉鎮長及地方關心此議題的企業，同步以視訊在三個會議室舉行。會議結束後，張縣長宣布成立全國第一個由縣市政府設立的「地方創生專案辦公室」。負責統籌及整合雲林地方創生計畫的負責人，是我相當熟識的李明岳處長。認識明岳時，他在嘉義縣政府服務，我一直以為他是嘉義人，沒想到雲林水林鄉才是他的故鄉。命運的安排，和政黨派系無關，故鄉的召喚，讓他有機會回鄉貢獻。

明岳，這個在地團隊暱稱為「小明」處長的熱血公務員，是我在台南市政府工作時結識的好友之一。他非常熟悉地方政府的內部運作與在地的人文、產業等事務，和我有相同的ＤＮＡ。我們深知政府存在的目的，是服務老百姓，法規不是用來解釋與搪塞的，而是為老百姓找出路、找生機。他從不怕難、不怕煩，細心為大家排憂解難，所以很受歡迎與敬重，他所帶領的團隊也有著相同的血統。不得不說，雲林地方創生之所以有今天的成果，小明處長及他的團隊功不可沒。

在《美伶姐的台灣地方創生故事》一書中，十九個縣市的故事，雲林所占篇幅最多，完稿時有點意外，卻又不那麼的意外。我和雲林在地團隊，結緣於二〇一九年十二月底古坑綠色隧道那場交流。

那天出席的十幾個團隊我幾乎都不認識，但聽完他們的故事，深深感受到，這些臉上掛著笑容的年輕朋友，和我這個戰後嬰兒潮出生的人，對生涯的定義已有很大的不同。驅動他們返鄉，或移居人口正在凋零、缺乏大型建設的農業縣，是因為土地的力量與想改變地方的決心。高鐵增加了雲林站之後，每小時會有一班，適於規劃行程。雲林的地理位置不中、不南，剛好不遠不近，每回去雲林，你會發現，搭乘人數相對是高的。交通一旦方便了，與其他城市的連通與交流的頻率，自然就會提高。

《美伶姐的台灣地方創生故事》出版後的三年內，我總共造訪了雲林九次，演講分享之外，多半時間用在拜訪新舊夥伴。累積至今，在基金會平台上的雲林夥伴高達三十七個，在二十二個縣市中居冠。據資料顯示，國發會通過的地方創生計畫數，雲林也是數一數二。走訪地方時，我一直有個習慣：首先，不走馬看花，我會親自到現場體驗；其次，我喜歡聽團隊的返鄉或移居故事，還要交流對話；第三，我會瞭解團隊可能的獲利模式及永續發展的機會；第四，我會想知道團隊的需求；最後，邀請團隊加入基金會平台，成為我們的夥伴。

我拜訪的雲林團隊最多，所以起筆寫故事時也最為難，不知如何取捨。限於篇幅，不得已割捨的部分，尚請夥伴見諒。

向天歌創新農業——科技與人文聯手的不一樣

向天歌創新農業這個養鵝團隊，於二〇二三年引起我的注意。當時，我應邀參加數位發展部數位產業署（延續先前經濟部工業局）「創業歸故里」計畫的交流活動。過去幾年，許多優秀的地方創生團隊，都曾經通過這個計畫的洗禮（包括微醺農場、思原生態農場），審查標準嚴格，獎金額度高，具潛力的團隊有機會脫穎而出。當天有幾個熟識的面孔，唯此一密閉式智慧禽舍養鵝案例是我首次接觸，深深被其吸引，且特別有感。

禽流感疫情的省思

為什麼有感？二〇一五年，我還在台南市政府服務時，碰到嚴峻的禽流感疫情，依標準作業程序，禽場一旦有確診案例，就須撲殺全數家禽，並裝袋送去焚化，隨後徹底消毒案場。一個案場的家禽數，往往不是數十、數百，而是數千，加上時間壓力，真是非常棘手的工作。當時市府人力不足，只好向軍方求援，一車車阿兵哥真的幫了大忙，場景有如颱風天災來臨時軍民一家的感動。

當時我擔任市府祕書長，除了負責督導與協調外，也到第一現場去瞭解處理狀況，並為同仁及阿兵哥打氣、鼓勵。過程中，我看到防護衣底下包裹著一張張年輕的臉龐，其中不少是漂亮秀氣的女生。汗流浹背的辛苦或許是職責所在，可以當作是訓練與磨練。

看著他們手裡拎一隻隻死禽，進行大量人為撲殺時，我數度掉下眼淚。也是孩子媽媽的我，真正擔心的是，年紀輕輕的孩子，未來如何看待「生命」？經手那麼大量的「屍體」，儘管是動物，但會不會在他們心理埋下難以揮去的陰影？養殖場的主人似乎無動於衷，因為損失了政府會補償，為民喉舌的民意代表也會要求政府增加補償額度，所以大不了，錢走了再賺就是。但這些工作人員與兵哥兵姐的心理，有人追蹤與關懷嗎？我祈願他們對生命仍保有敬畏與尊重，不要因為參與撲殺行為，而影響他們的人生態度與生涯。

另外，我衷心期待，面對氣候變遷，養殖戶們能否依照政府政策，改用密閉式養殖場，以減少政府動員的人力、物力等處理成本。因為這都是人民的納稅錢啊！

讓偏鄉的偏鄉「向天而歌」

雲林四湖鄉在口湖鄉之北、台西鄉之南，我拜訪口湖與台西的次數不少，但好像從未進入四湖，真是緣分未到。四湖鄉的人口數還有兩萬多人，雖然是負成長，但還不到「極限村落」的地步，唯地處海邊，四處空曠且人煙稀少，還是給人蕭條的感覺。

來到蔡英地養殖場旁的「辦公空間」（其實比較像簡易工寮），聽他認真的簡報，娓娓道來返鄉故事，令人十分驚訝！一位知名科技公司的財務長，生涯如日中天，卻在四十歲的中壯年，脫下光鮮亮麗的西裝，換上畜牧場主人的工作服（他的橘色長褲非常耀眼且深具魅力），返鄉繼承爸爸一輩子的養鵝工作與心血。他說他「看著父親養鵝長大，也可以說是鵝養大了他們」，但對於「養鵝」這件事，他還真是個門外漢。返鄉的決定，難道沒有天人交戰？

在蔡英地兄弟身上，我看到了「天下無難事，就怕有心人」的實踐。理念與信仰對了，再尋求正確的方法，往往就有機會可以事半功倍。在他公司的網頁上，有序的寫著：

產業的挑戰：禽流感

發展「非開放式禽舍養殖肉鵝」技術需克服之問題：解決肉鵝軟腳及啄羽問題。

建立「生物安全機制」：有效降低禽流感感染機率。

經過三年，向天歌完成了技術的開發，建立SOP，英智畜牧場的密閉式養殖不但克服禽流感的威脅，肉鵝品質也不亞於傳統養殖法。接下來，當然要拓展市場。他找到三位上班族媽媽，來協助分析過去鵝肉市場的局限，打破成規，成立鵝舖子食品公司，研發可即時上桌的簡單料理，例如翡麗鵝胸肉、去骨鹽水或醉鵝腿、拌著清香鵝油的鵝肉飯，很受消費者青睞，讓鵝肉更為普及。鵝舖子打著家裡就是店鋪的策略，讓銷售方式更為便利親民，成功征服許多人的胃，並獲得許多食品獎項的肯定，不愧是來自大企業的背景。

養殖及鵝肉的販售站穩了腳步，英地的格局視野又提高了。他發現四湖鄉因人口老化，許多耕地早已休耕，四湖又是靠海的城鎮，土壤許久未灌溉的結果，就是鹽化加速。向天歌英智畜牧場西邊約五百公尺處有一大片土地，已被農業部列為不利耕作區（如果沒有恢復使用，或許又將成為太陽光電的案場）。因此，蔡英地想打造一個「循環農業」的共好生態系，他在鵝場外面設置沉澱池，引廢水灌溉周圍農地，養鵝的有機肥料的元素洗掉鹽分，廢土反而變成了沃土，用來種植飼養鵝隻所需的玉米與牧草，達到復育農地的效果，成功打造了農民、農村、農業三贏的局面。這樣的模式不僅有機會活絡四湖，也應該可以複製到其他的禽場，讓大家可以一起

「向天而歌」。

英地不藏私，他很願意與所有養殖戶分享自己研發的技術，他啟動「非開放式禽舍養殖技術合作方案」和大家結緣，為台灣下一代養殖產業盡一份心力。

回程途中，我們去了同在四湖，名為荒涼騎驛農場的打卡名店。取名「荒涼」，還真名符其實，空曠的土地上立著一間紅磚老屋，確實有點突兀。原來是主人將家中原有豬舍改造成隱藏版的咖啡、甜點與輕食販賣點，也因此英文店名取為「SILENT PIG CAFÉ」，成為吸引重機騎士、親子出遊的中繼休息站。建築保留傳統紅磚豬舍的外觀，內部則充滿文青氣息，是個可以放鬆、悠閒坐下來休息的空間，很難想像這裡以往是豬仔們生活的場域。

這裡是主人退休後的一個夢想的實現，店長是來自台南的兩位年輕夥伴，不僅為四湖鄉人口凋零及高齡化的問題帶來轉機，也代表地方創生的另一種型態。英地回鄉三年，不曾前往這個咖啡店，這次機會，讓兩位中高齡返鄉的鄉親可以共同思考再為四湖做些什麼！

另外，若想去荒涼騎驛農場喝杯咖啡，可先上網查查營業時間，因為這是一家非常務實且有個性的店家。

THE GOOSE FARM
鵝舖子

創樂子生活學苑——十二位女力創業家的 Strong Love

跨世代聯手，全齡共創的創樂子，是經過疫情洗禮，逆勢成長的案例。第一次到位於古坑的創樂子生活學苑，已是傍晚時分，從馬路轉進小巷，迎面就是一棟相當有特色的建築，搭配花木扶疏的庭園，簡直就是個花園別墅。屋外有一處較大的場域栽植多肉植物，也有DIY的空間，想必是手作教室。室內正有一檔展覽進行當中，偌大的空間裡擺設著大會議桌，可以開會、上課，還能舉辦各種體驗課程，旁邊則圍繞著幾個攤位式的擺設，每一個位置，都代表有一位創業家在經營自己的手創事業。

當晚除了執行長王毓琦（暱稱大豆）外，還有十數張年輕的臉龐，意外發現他們的組合很有特色，有雲林在地人、嫁到雲林的媳婦、雲科大畢業生、在校生，其中有姐妹檔、兄弟檔、妯娌檔，好有趣！是什麼緣分，串起這群志同道合的夥伴？其中最重要與吸引人的連結元素是什麼？古坑有什麼魅力留住這群年輕人？天色已晚，為了不影響他們下班，及回家與家人共進晚餐，我只做短暫交流，快速做了一個多肉植物體驗後就先行告辭，但心中告訴自己，一定要再找時間來挖寶！

第二次來到創樂子，時間充裕，陽光明媚，我在園區內走了一圈。原來這裡占地一．一公頃左右，是由長輩們幫這群年輕創業家付了頭期款，再由夥伴透過青年貸款合資買下的。這裡以前是民宿，主建築的二樓仍保有住宿空間，但已不再經營民宿。十二位女創業家依各自專長，打造一個綜合的生活學苑。

大豆在參加基金會的 Podcast 錄製時告訴我們，她之前做的是電商，下午五點所有貨物處理完畢就沒事了。偏鄉生活非常單純，但她發現隔代教養或新住民家庭愈來愈多，許多孩子缺乏課後照顧與陪伴，於是以她過去的工讀經驗，找了一個空間，免費做起課後的陪伴工作。慢慢的，退休老師也來參與，工作夥伴增加了，與其一直向政府申請社福經費的補助，不如創業來做公益。幾位核心幕僚從成立工作坊開始，一直思考如何能夠給青年更多助力、發揮團隊夥伴的專長、共同合作，幾年操作下來，最後決定以「社會企業」的經營型態，並將三成盈餘回饋給地方的創生行動。

二〇一六年，創樂子生活學苑（創樂子文化社企有限公司）正式成立。什麼是「創樂子」？就是「Strong Love」，用她們對土地、對家鄉，以及對下一代的愛，以生活美學、體驗學習、休閒療癒為基底，結合質感手作、花藝設計、多肉園藝文創，提供青年夥伴交流、互動、互助、創業的空間。現在的創樂子可以定位為一個教育、學習與合作共融的基地，希望來到這個場域的所有人，都能充滿創意且快樂得像孩子一樣。

然而，一個以實體活動體驗及交流為主的空間碰到了COVID-19疫情，在必須阻絕人與人之間接觸的情況下，如何存活下來？她們利用這個時機，讓人才的培育在這裡實現了。大夥兒手上的工作減少，等於是自我成長與學習的最佳時刻，更創立雲創小聚進行交流。許多夥伴在這段時間取得證書、認證，等疫情趨緩，可以服務的項目增加了，也給自己更大的信心。

以女力為主的創業集合體所展現出來的細緻、柔軟的一面之外，更看到她們堅毅與剛強的一面。整個園區也是一個極佳的生態環境教育園區。結實纍纍的樹葡萄直接長在樹幹上，讓我很是驚奇，或許是我孤陋寡聞，但說不定很多人根本沒吃過呢！

一個青銀合作、跨世代共創的地方創生典範案例，就在雲林古坑實現了。現在園區內還能看到當初起家的「台灣心境探索學會」（由志工申請，二〇一一年得內政部同意成立）的招牌。不忘初衷，也是我在這裡找到的感動。

雲創小聚
雲林共創交流聚會
30
362人次
用小冰立大功
目標鎖定，
所有資源都會出現
創造合理的營收，
才能永續經營

古坑桌球村——青銀共創的實踐

在一個天剛亮的清晨，我來到位於古坑鄉中山路原國民黨民眾活動中心所改造的古坑桌球村。一下車就看到一張大紅榜，恭賀獲得經濟部工業局「創業歸故里」計畫的亞軍。原來，打桌球也可以實踐地方創生的理念！

莊秉豪是雲林人，曾是桌球國手。他離開競技場域後，用自己的專長，為故鄉打造不一樣的生命與活力，令人佩服。走上二樓後，看到一面牆寫著「古坑桌球村，創生願景工程」、「六大生活公約」，主理人及團隊想要做的是「健康產業」，獲獎主要還是因為透過科技，將運動與健康、休閒做了最完美的結合，驗證了五支箭中的「科技導入」是多麼的重要。現場空間不大，三張桌球桌都被占滿了，汗水夾帶笑聲，活力滿滿的壯世代正展開美好的一天。

工業局頒發的獎金應會用來開發App、未來的維護費用，及後台管理的支出。此外，我特別關心這樣的創生商業模式如何維持，以確保教練們的薪資來源。這個場域除了吸引壯世代及銀髮長輩來使用，更重要的是讓桌球運動得以向下扎根。

秉豪告訴我，團隊成員並非全都是桌球教練或選手，也可跨域結合，透過導覽

古坑桌球村 創生願景工程
2.休閒之約
3.健康之約
4.培育之約
培育在地專業桌球
教練，運用數位工
具提供運動人才工
作機會
持續運動培育專業
人才，逐步形成地
方運動聚落
聚落成形
持續擴張

古坑桌球村
桌球運動創生基地
歡迎一同運動

方式，讓更多人認識古坑在地農產與特色。另外，也舉辦營隊與比賽，讓全國學童來雲林，這樣連父母，甚至阿公、阿嬤都可以一起來，為當地帶來不少利害關係人的消費效益。因為還在初創階段，商業模式仍在調整與摸索中。

我一直以為運動是生活的一部分。歐美人假日除了上教堂外，最重要的家庭聚會就是一起觀賞各項運動賽事，結合旅遊，是很值得學習的生活文化。我期待秉豪為台灣地方創生多元生態系打開另一扇窗。

無獨有偶，台灣文創大前輩王榮文董事長，二〇二三年在他的家鄉——嘉義義竹，將老宅重新整修為「王家祖厝球舍」。王董希望以球會友，也期待為家鄉盡一份心力，現在他已是二地居的實踐者。義竹鄉新科鄉長黃政傑是台大光電博士，正努力改變義竹的三生（生活、生態與生產），值得期待。

千巧谷牛樂園——融合在地的創新與感動

我在一個風和日麗、陽光普照的日子，來到千巧谷「牛」樂園休閒農場。我對崙背鄉並不陌生，鮮乳坊的龔建嘉幾年前就帶我走了一遭。我看了酪農區與畜牧場，並與酪農做了一場深度的交流。意想不到的是，在這個偏鄉，在以畜牧為產業基礎的崙背，有人以「牛」為主題，開發一個休閒農場。

八、九〇年代，台灣很流行主題樂園，那時候國中小的畢業旅行，大家耳熟能詳的「三六九」（劍湖山、六福村、九族文化村）帶動了熱潮，但很快的就不再那麼的夯了，因為除了遊樂設施還是遊樂設施，吸引力逐漸不再。

開始推動地方創生時，我很清楚產業的類別是不能設限的，它必須與在地優勢結合。換言之，具備核心價值、可持續的商業模式，落腳在地方，就可以是地方創生團隊，而發展多元生態系，正是台灣推動地方創生的實際樣態。在基金會平台上的夥伴，類似主題樂園或休閒農場等一直不是主力團隊，所以，千巧谷特別引起我的好奇。

千巧谷的創辦人黃吉雄夫妻是台中人，二〇〇三年在這個偏鄉開了一間「有冷氣吹」的都市歐風烘焙坊。這家店和當地風景真的很不搭，戴著斗笠、穿著雨鞋、滿腳泥濘的鄉民，根本不敢走進來。

這一道牆，隨著服務人員主動走出店門，走向鄉親，親切的介紹，終於有所突破。他們用最具在地特色的美味，擄獲鄉民的胃與信任，其中與崙背在地酪農最佳的結合款，就是「鮮奶乳酪蛋糕」。漸漸的，各式麵包的開發都與牛奶有關，擴展了分店，也有了千巧谷的品牌故事。

烘焙站穩了腳步，還能再為崙背做些什麼事？有著創業家靈魂的黃吉雄，心想崙背是台灣重要的酪農區，卻沒有一處可讓遊客體驗及休閒的牧場，於是大手筆買下占地一．二公頃已荒廢多年的紡織廠，改造成千巧谷牛樂園，於二〇一六年正式迎接訪客。

這個樂園裡沒有遊樂設施，只有牛的生態教育場域，還有一群活生生的乳牛在這裡生活，和訪客交流互動。園區各項設施與設備的設計，都巧妙將牛元素融合其中。一群在地員工，特別是已婚女性，充滿笑容的告訴我，可以每天在這裡上班，是最幸福的。千巧谷企業為當地創造了就業機會，目前有一百三十幾名員工，也讓酪農產業有了不同的面貌。

崙背除了大家熟知的酪農區外，還是一個客家族群的聚落，名為「詔安」。就在我拜訪千巧谷當天，也認識了返鄉的廖婉婷。因為看到社區中孩童教育的不足，社工出身及三寶媽的她因此開辦了詔安好伴屋，希望結合在地資源，共同打造一個

從〇到九十九歲的安全生活網絡。她為各年齡層量身打造教育活動，用教育翻轉偏鄉，吸引青年回流，讓人口老化的偏鄉社區展現新活力。

婉婷個兒很小，但人小志氣大。那次之後，常在台北的活動場合見到她，總是活力滿滿，充滿幹勁與目標。她要打造一個實體書屋，以書會友、以書和大家搏感情，我對此感到非常興奮，這是台灣實體書透過地方創生復甦的另一契機。期待透過婉婷的深耕，間接活化社區超過百年、擁有深厚底蘊的客家文化，傳承詔安客家人勤儉樸實與腳踏實地的美德，讓地方風情更為淳美與溫暖。

宏昇芽菜——導入科技兼顧生活與芽菜品質

宏昇芽菜的洪正欣有著秀氣的臉龐，戴著一副黑框眼鏡。拜訪那天，淡淡三月天的春天，卻是豔陽高照。一進門，正欣就請我們品嚐他們家的豆芽菜，四種不同調味，很簡單，卻能吃出豆芽菜真正的香氣。

我們一般對於豆芽菜的印象，料理中最常出現的應該是「春捲」、「合菜玳瑁」等大量使用芽菜的菜色，其他則是當作配菜或點綴。傳統市場裡通常以論斤的散裝方式販售，比較不容易彰顯芽菜的價值，買回家頂多也只是清炒。這麼尋常的豆芽菜，我相信很多人對它是陌生的，更不知道芽菜可以來自不同種類的豆子，具有不同風味。

雲林北港是一個充滿人文、宗教氣息濃厚的鄉鎮，但大家對北港鎮的印象恐怕只停留在朝天宮的媽祖。宏昇的地址是「北港鎮好收里口庄路」，是不是很奇特？口庄是台灣種植豆芽菜的發源地，有「豆菜庄」（台語發音）之稱，全盛時期有一百多家農家在孵豆芽，現在只剩下個位數。

正欣是宏昇的第三代，眼看養活一家族七十年的事業即將凋零，他毅然辭去在都會裡的貿易工作，返鄉接班，決定大刀闊斧的改變。

原來孵豆芽是高度勞力密集的產業，除了需要高度的專業外，全天候的監控更是非常吃人力，比養孩子還辛苦。正欣坦言，他沒辦法像長輩一樣犧牲睡眠，數小時就起來觀察芽菜的孵育情形，他需要生活品質。他也沒辦法固守在家裡，他期待到處去旅遊，不想因為經營這個事業而綁住他的人生。因此，大幅改變生產模式，導入科技運用，是他唯一的選擇。

二〇一七年起，宏昇芽菜在智慧科技的運用、管理之下，引進對環境友善的有機農法，進口高品質有機認證的種子，以多重淨化甘泉灌溉、堅定拒絕有害化肥與農藥，百分百無化學添加的有機農法栽種，為的就是讓傳統的豆芽菜產業能有更多創新與實踐的可能，從源頭栽種開始層層把關、低溫冷鍊的運送，把最新鮮健康、品質最可靠的豆芽菜，送上餐桌，讓消費者吃的安心。

宏昇的廠區雖然不大，但看到一缸一缸（我不知道應該用何種單位來形容會更為適切）處於各種階段生成的芽菜，就像看到一株株生命的茁壯成長，讓人充滿了希望。正欣實踐了我對於地方創生應打造工作與生活平衡的目標，用創新與新方法才到得了新境地的理念。加上他對生活品質的堅持，觸動他對傳統產業的革新。相信科技真的可以解決我們面臨的困境，宏昇芽菜就是一個典範案例。現在，許多大賣場都能買得到宏昇的有機豆芽菜，不妨買來吃看看，是清脆香甜且健康不增胖的好食物。

科技導入不但可以改善作物的品質，也可提升生活的品質。宏昇芽菜於二〇二四年榮獲農業部舉辦、有農業界奧斯卡之譽的「科技農企業菁創獎」，能從全國三十八間優秀的中小企業中脫穎而出，真的不簡單，值得恭賀！

台灣鯛生態創意園區——產業、綠能、生態三贏的典範案例

雲林口湖鄉台灣鯛王子王益豐，是我推動地方創生後互動較頻繁的團隊。我也常分享他的故事，我通常這樣開場：「這是一個讓吳郭魚華麗轉身，用永續ＡＩ智慧科技養殖，做到全魚利用的台灣鯛王子的故事。」他的場域叫作台灣鯛生態創意園區，也是通過國際漁產ＨＡＣＣＰ相關認證，成為全球第一個上太空的魚類食品。

益豐三代傳承，是青出於藍的養殖界精英代表人物。口湖鄉地處偏遠，較接近嘉義，若是搭高鐵，建議在嘉義太保站下車。口湖是雲林重要的養殖產業鄉鎮之一，但近年來因為太陽光電案場，被占用了大量土地。在面臨氣候變遷與人力短缺的困境下，養殖漁業想要屹立不搖，只有靠轉型與科技創新。

看著益豐將案場逐步打造成台灣第一座大型ＡＩ智慧養殖與低碳循環園區，著實令人雀躍，愈偏鄉可以愈數位，真的不是騙人的。現在益豐的台灣鯛養殖區，不但以太陽能發電自發自用，更以「智慧養殖與低碳循環」為主軸，打造智能魚池，減少用水，避免抽取地下水，涵養土地，同時透過感測設備監控養殖魚池，並根據水池數據，自動投餌／投藥／給氧／汙水處理等系統，有效控制台灣鯛生長的狀

況，控制魚肉品質，並降低養殖漁業的人力成本需求，成為全台灣唯一產業、綠能、生態三贏的生態示範園區，非常值得驕傲。

園區內目前已打造二十餘座智慧魚池，同時通過國際最佳水產養殖規範認證。園區透過太陽能儲能及綠能管理系統，整合儲存「離峰電」，並用在尖峰時段養殖，每天約可產生四千度電，達到平衡用電量、降低用電成本及節能，實現零碳場域，對二〇五〇淨零碳排目標，做了很好的示範。

益豐好學不倦，還有緊追不捨的黏人功。他總是熱切希望學到新技術，常打動那些他請教的專家，許多日本的大師級業師，都是因為這樣而無怨無悔的被他請到台灣來傾囊相授。

他接班的初心，是希望讓已不被看好的吳郭魚，透過他的技術研發，找到新生命與新出路，為台灣養殖業帶來新氣象。他對自己的使命了然於心，不會被外境動搖。二〇二二年地方選舉時，雖然各方都慫恿他出來競選鄉長，他心定如水，堅持顧好家業、產業，不為所動。

三年疫情，對台灣鯛產業確實是相當大的衝擊。但益豐告訴我，他所有員工都是口湖在地人，而且年紀偏輕，不能讓他們頓時無所依。所以，他利用封鎖時期，

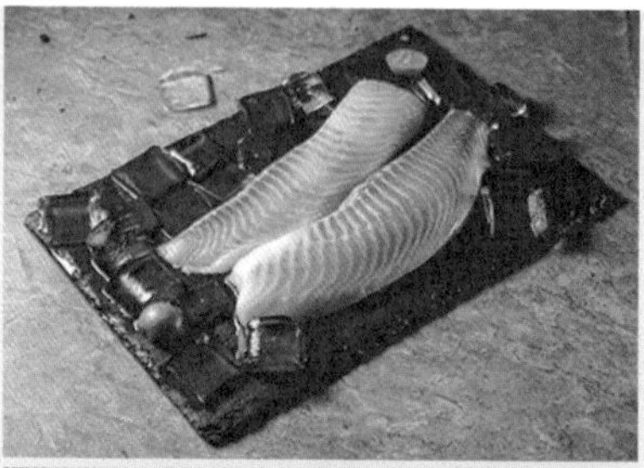

MARINE
COLLAGEN
簡單飲輕鬆保養

BIO OCEAN

給員工大量研習機會，特別是數位能力的提升，也讓員工學習自產自銷的線上平台販售機制，沒想到同仁發揮創意、研發產品。

他也開始進口比較受國人歡迎的魚種，透過團媽的方式進行銷售，意外的營業額不減反增，員工也藉此機會獲得更大的能量，是以人才培育及數位提升撐過疫情的模範生。

好蝦冏男社——在台灣大堡礁養出幸福好蝦

好蝦冏男社位於水林及口湖交界，主理人李富正（阿正）是個陽光美少年，可說是地方創生界的奇葩。他說：

大堡礁，一個令全球羨煞的工作，我不用去應徵，因為我就在台灣的大堡礁，每天有蝦子活蹦亂跳的陪伴，還有烏龜、吳郭魚等，更重要的是不用離鄉背井，每天都有家人的陪伴，三不五時還有外地的遊客或志工前來一同幫忙，也因此結交了許多好友，這就是我認為最幸福的工作。

他幾乎是幫我給地方創生做為「在地幸福生活」的代名詞，做了見證。

認識阿正後，我一直沒有機會前往他用閒置豬舍改造而成的養蝦場域，在《美伶姐的台灣地方創生故事》中，也只有短短四行介紹，儘管如此，我還是極力推薦親朋好友前往一訪。然而，從他們回傳的訊息中得知，這個場域還有努力的空間，才能提升品質，吸引更多高端遊客。

二〇二三年三月，我終於有機會來到現場一探究竟。當天是個團隊聚會的場合。我抵達時已近中午，首先映入眼簾的，是一個可愛的幸福公車站牌「A7站好蝦冏男社」，英文翻譯為「Good Shrimp Company」，正如阿正所說，取這個名字實在有點「瞎」（蝦的諧音，有哏）。姑不論翻譯是否貼切，設立公車站，表示阿正已做出口碑，打造了屬於自己的品牌，透過公共運輸可帶來更多關係人口。

阿正打造的新空間寬敞明亮，相當舒適，且功能多元，除了提供前來體驗的遊客用餐及交流外，也是很棒的會議空間。轉進另一側，原來用豬舍改造的懷舊空間仍然很有吸引力。兩個空間各有特色，一定可以大大提升服務品質。

取名「好蝦冏男社」，有兩層意義。第一層當然是要養出「好蝦」，藉由閒置豬舍，拋棄過去慣行養殖法，打造符合生態養殖蝦子的空間，以不投藥、生態混養的方式，也考量生物多樣性，混養龍膽石斑魚等，並打造低密度的生態環境，是優質的養殖產業。他的蝦是低溫直送，希望帶給消費者「食用安心」，毅然拒絕與中盤商合作，寧可「重質不重量」。他要告訴大眾，若在運送過程中藉由投藥來維持蝦子存活，最終遭受損失的將是消費者。而冷凍蝦採用先進保存技術，品質與鮮度都優於非產地的活蝦。他的專業與說服力消費者聽進去了，證明他養殖的好蝦品質確實名不虛傳。因此透過網路銷售平台，消費者是願意買單的。

其次是「冏」，原本有哭笑不得的意思，但在阿正的內心，是一種創意與突破。他顛覆了傳統思維，以年輕人的方法來養殖，更希望透過這個場域，執行「雲林黑腹帥（美）養成計畫」，將他的經驗傳承給濱海沿岸地區的返鄉青年、留鄉青年，希望他們在創業以外，更能實踐對於海洋的永續理想與夢想，所有返鄉夥伴個個都能富帥美，顛覆大家對口湖老化、落寞的刻板印象，吸引更多遊客前來造訪。他們都找回了兒時的笑容，也讓阿公、長輩開心。這裡是一個生態環境與海洋的教育、學習與體驗場域。

A7
好蝦冏男社

好蝦冏男社在疫情期間除了養蝦之外，也開始跨界合作，研發許多省時料理，愛吃米粉的我就超愛「冏男鮮蝦炊粉」。在空間的設計上，阿正也和 ReWood 合作，引進炭盆栽的擺飾。且阿正也娶到美嬌娘，如今是三個孩子的爸爸，見證地方創生帶來的美好。

微醺農場——帶動台灣農業改革說真話

第一次去到位於水林的微醺農場，是農場主人黃衍動剛獲得經濟部「創業歸故里」全國總冠軍後不久，牆上貼滿了祝賀的紅榜。衍動沒有農民黝黑的臉龐，反而帶著書卷氣。眼前一箱箱規格一致的小黃瓜，超漂亮的。

攻讀生物系與生命科學所的衍動，在取得碩士學位後，留在中興大學做研究工作。然而，跟著教授依賴政府計畫的工作不穩定且沒有目標。於是，高中就離開水林的他告訴自己，反正遲早都會回鄉，何不早點回去？他一心想創業，回鄉時，最反對的是阿公、阿嬤，衍動連哄帶騙，跟阿公借地，開始了與他學術背景迥異的農業之旅。他更慫恿在北部從事科技業、專攻自動化系統的弟弟衍景回鄉一起努力。

微醺農場成立於二〇一六年，導入物聯網技術，利用各式環境感測器即時監測，進行溫室內光度、溫度、循環風扇等的調節，同時利用土壤中的感測器進行溫度、濕度、導電度等參數的監測，讓感測器自動執行對土壤水分與養分的供給，電腦自主進行灌溉決策，及調配不同配比的水分和養分之養液施給，可以精準的栽培，節省人力，吸引年輕人投入。如此一來，小黃瓜的生產不再有產期問題，提升農業競爭力與經濟效益，打造一個智慧新農業的專業團隊。

衍勳從跟阿公借來的三分多面積開始種植，投入農業最務實的產銷整合與資源共享。他深知共享經濟體才是農村產業永續的未來，也是解決小農產銷失衡的關鍵。因此，創業第三年開始做水平整合，第四年完成垂直整合。創業第六年，前後已培育了一百多位農業種子，並吸引八位青年留在水林創業從農。種植面積目前已達五公頃，投資規模從十六萬到一千六百萬，到去年已達六千萬。

他所設立的農創共享基地，目的是打造產銷整合的供應鏈生產，以共創共營的團體戰排程，解決各合作夥伴終年穩定生產小黃瓜與季節牛番茄之需求；其次是溫室設施規劃與智慧農業設備系統的專利授權，讓農作物在較好的環境下成長，也同時提升生產品質的穩定。衍動一再強調，最重要的是經驗傳承，他無償提供智慧農業教育給需要及有興趣的人。他深知只有大家一起來，才能翻轉台灣的農業，實現共榮、共好的社群經濟模式。

這些年來，常在媒體及活動上看到衍動分享經驗，他正面積極且充滿正能量，但也不時在他臉書看到「憤青」的不滿。他的直白，有時候會讓人小小捏把冷汗，但仔細觀察，他不是無病呻吟，也非無的放矢，每一個不滿與看法，都是他的親身經歷，及他對問題的洞察，也經常點出台灣農業發展的困境與未來應走的方向，我其實是相當佩服的。

他所提出的問題，有立即受到重視立即改善者，也有點出問題之後，促使公部門尋求合法合理的解套而消弭可能的對立。我始終覺得，本於善意的點出問題或是找出盲點，有助於自我成長，更能增進社會、國家的進步，應多多鼓勵，而不應受到打壓。

我於二〇二三年三月再次造訪微醺農場，當天，衍動還邀請水林返鄉及移居的青農前來交流。我們討論台灣農業的未來，一致認為應朝企業化經營（農企）的模式發展。現行的政策、老舊與不合時宜的法規、僵化的制度，都亟需調整與重整，

這些應興應革事項，只有第一線的青農特別有感受，且迫切需要改變，因為這攸關他們的未來，不能再蹉跎。歸納地方創生的痛點，有請公部門盡速盤點與解決。

在這場交流中，衍動還報告他的農場已開始啟動碳盤查的工作，他的小黃瓜碳收支概念是：

總碳收支＝栽培期間的土壤累積二氧化碳排放量－小黃瓜植株碳含量
－小黃瓜採收果實的碳含量＋栽培過程土壤有機碳變化量

你在超市買到的微醺農場小黃瓜，不但有完整的生產履歷，更有減碳的數字標示，這是多麼令人開心的事。接下來衍動要開始結合在地，打團體戰，形成產業聚落，讓農產品產銷穩定，進而糧食穩定，台灣才能永續發展。

ＶＤＳ活力東勢——東勢的幸福企業

雲林東勢鄉可稱得上是台灣胡蘿蔔的故鄉，王文星與許月霞夫妻創辦的ＶＤＳ活力東勢可為代表。國人可能都知道台中有個地方叫「東勢」，但多半不知道雲林也有個被沿海的麥寮、台西與四湖給包圍、不沿海的「東勢鄉」。VDS活力東勢股份有限公司的創辦人愛鄉愛土，沒有「胡蘿蔔」，只有「東勢」，還有動詞「活力」，可以看到創辦人的用心，他的目的是要藉公司的能量，帶動東勢鄉的繁榮與發展。

在雲林鄉鎮中穿梭時，路過VDS好幾次。小明處長告訴我那個高聳的廠房是胡蘿蔔廠區，讓我感到很好奇，因為太像工業區會有的建築，很難想像是處理農作物的廠房。第一次踏進這個廠房時，映入眼簾的是一排排自動化的輸送帶，胡蘿蔔就像美女一般依序出場，在上面展示它們橘紅色的身姿，浩大廠區令人眼睛為之一亮。沒想到單一作物也可以有像科技廠的作業系統！

文星總經理過去是俗稱的「販仔」，也就是中盤商的概念。他聰明勤勞，生意做得不錯；月霞則是東勢在地人，從小吃胡蘿蔔飯長大，知道東勢因東北季風及土壤，是胡蘿蔔的最佳產區，兩人因胡蘿蔔結緣。文星是充滿理想的企業家，然而交流時，我感受到他對故鄉逐漸凋零的高度憂慮。雖然東勢鄉人口數還有一萬多人，但許多村落都只剩百餘人。文星擔心他所住的村子會不見，他認為地方創生是搶救地方的唯一一帖良藥，因此，除了自己種植之外，也與農民企作。夫妻倆希望可以吸引更多年輕人返鄉或移居來此生活。

他們持續努力創新求變，發展優質產業，目前與超過一百二十位的專業農民合作，管理約兩百公頃的農地。和農民的合作方式，文星總經理總是自信的說：「我們的做法是『保收』但『不保價』。品質好，收購價增加個兩千或三千；品質不好，可能減個兩千或三千，農民看到別人收成好，就會想辦法改善，有良性競爭，才會進步。」

這套方法經過十七年驗證，市場通路從未檢驗出任何不合格。農業是共同責任，不分上游或下游，線上的每個人都是重要的螺絲，只有共好才有希望。如今，在大型賣場或是星級酒店，都可以享用到來自VDS品質保證的胡蘿蔔。

除了台灣市場，VDS也積極拓展國際市場，取得歐盟、清真等認證、建立生產履歷制度，更致力於研發彩色蘿蔔新品種，將台灣的VDS品牌推向國際，不僅讓傳統作物胡蘿蔔吸引消費者的目光，同時也增強企業夥伴、合作夥伴及大眾對VDS品牌與產品的信心。

為了提升雲林東勢的能見度，在後疫情時代，VDS將每年三月的第一個週六訂為「國際台灣胡蘿蔔日」，為雲林的胡蘿蔔打造專屬節日。三、四千人在田裡拔

VDS

蘿蔔的景象，真令人感動。活動除了吸引在地居民、外縣市訪客外，還邀請合作的日本種子職人、農機職人來共襄盛舉，實踐「愈在地、愈國際」的目標。

文星與月霞努力讓VDS成為幸福企業，公司員工主要來自當地居民的二、三代、返鄉、移居的青年，還有不少新住民，平均年齡不到四十歲。誰說偏鄉只剩高齡人口？VDS讓年輕的力量注入偏鄉，也讓新住民媽媽發揮專長，讓她們感受到尊重，進而認同台灣就是她的新故鄉。

三小市集、峰禾日秝、花囍、萬豐醬油——斗六的生命與活力

三小市集、峰禾日秝——協助小農提升品質，小兵立大功

雲林斗六市人口超過十萬人，是雲林的都會區。我在這裡認識了不少團隊，位於漢中街警察宿舍群，已有相當歷史的三小市集與峰禾日秝，協助小農建立正確友善環境的栽種觀念、產品設計、尋找通路與市場，並建立品牌，都屬於小兵立大功

的案例。

李宜倩創辦的三小市集已連續兩年前進台北 SOGO 復興館，造成不小的轟動，整齊有序且充滿質感的攤位設計、員工簡潔精緻的制服，給予顧客溫馨關懷的感受，藉此提升在地小農的品質，也讓都會的貴婦看到台灣小農的實力，促成他們購買的決心，業績亮眼。

李宜倩來自新北市，大學在雲林求學，畢業後就被黏住了，她成功的關鍵，主要來自她帶給合作夥伴的信任感。在她身上，我看到年齡不是問題，沒經驗也不是問題，只要有夢想與理想，結合趨勢，用正確概念溝通與對話，終究能獲得成功。二〇二四年她前進華山，透過她經驗結合社群的力量，讓有興趣在相關領域投入的朋友有不同的視野。

峰禾日秝的高聖峰曾留學日本。他為了孩子的教育移居雲林，希望提供三個孩子更自由的學習環境。孩子在這裡不用承受學習壓力，學習動機不減反增，盡情挖掘自身潛力，快樂成長。年輕的爸爸無須擔憂孩子的學業，可以全國走透透，為小農找到更好的合作夥伴與通路市場，更建立起自己的品牌，在雲中街展店說故事，這是地方創生在地幸福生活的實例。

花囍烘焙坊——為小巷弄帶來活力與希望

花囍是某次行程的中午用餐點，我原本並未抱有特別的心思。但或許早有因緣，餐桌上的《人生》雜誌引起我的注意。一問方知，主理人花花老師林秀玲和我都是佛門弟子，加上大學時期我也是插花社團的負責人，學的是日本池坊流派，這些連結讓我倍感親切。

當天午餐食材非常特殊，都是來自雲林各鄉鎮的物產，有故事的食物，經過精心設計，美味又健康。花花不是在地人，而是台北天母出生，南漂雲林的奇女子。花囍座落在名為新昌街的蕭條小巷弄裡，緊鄰雲林科技大學。過去這裡被附近多所學校包圍，因此稱為「學仔營」。街區因自辦市地重劃的爭議而延宕，十幾年來，新昌街竟成為荒廢的小巷弄。

幸運的是，花囍的進駐，為新昌街帶來了一絲活力與希望。花囍是一個閒置五十年的老屋重生案例，花花老師的永續思維，加上佛法熏陶，以及她對土地的認同，讓既是烘焙坊也是花藝教室的店面與眾不同。這裡的食材有來自麥寮月光下友善農場的小麥、水林小黑農的黑豆、土庫順成油廠的花生油、大埤的酸菜、古坑友山養蜂場的蜂蜜、雲嵩農園的茶，以及麻園有機村的玫瑰檸檬等，幾乎以斗六為核心，周邊農園的好物，都成為花囍餐桌上一份份美味的菜餚，主理人及主廚的用心令人感動。

花囍創造了就業機會，也是培育人才的場域，學習如何經營一家店、如何與夥伴相處分工，是一個充滿朝氣的有機商店。而花花的本業——花藝職能，反而成了公益項目，協助許多企業、NPO組織、樂齡活動，帶領大家領略美學，相得益彰，花花也樂此不疲。

萬豐醬油——老品牌打造出新氣象

雲林西螺有許多醬油品牌，地創團隊中的御鼎興，是大家熟悉的品牌，是謝宜澂、謝宜哲兩兄弟的地方創生故事。

在斗六市，我有機緣認識另一位從科技業退下來後返鄉的製醬達人吳國賓，他是萬豐醬油第三代傳人。有別於西螺大部分的釀造法，萬豐醬油採乾蔭傳統古法釀造，百分之百使用台灣黑豆，在製麴階段會講究入麴，並有洗麴與醒麴過程，並利

三小市集
友善食農
老味道
百年飲食

囍

峰禾日秝
雲林斗六｜無蛋奶．植物飲食選物
堅果
Mix fruit

萬豐醬油工廠
萬豐醬油
春

用陶缸於戶外封缸日曝，豆麴直接拌鹽下缸，不需額外添加鹽水。國賓告訴我，要製作出一瓶好的上等台灣蔭油，光有做法是不夠的，還要專注流程上的每一個細節，也要兼顧搭配合適的用料與品質。

我在現場看到多元的品項，特別引起我注意的是固體醬油——「蔭鹽花」，小小一瓶，便於攜帶又好用，值得推廣。國賓不改科技人注重科學數據的本色，有一間小小的實驗室用來做產品的檢驗與分析，分析儀上方寫著「七十餘年釀造工藝傳承，延續傳統，謹慎創新」，誰說台灣沒有職人？這不就是最好的證明。

略為斑駁老舊的匾額下，有著新一代的創新與變革；屋外一缸缸整齊排列的醬油，彷彿訴說著一滴滴醬油皆得來不易。相映周遭的畫面，真是地方美好的寫照。

土庫驛可可莊園、土庫好 COOL——不土很 Cool 的土庫新面貌

其實我很早就認識土庫鎮了，但為什麼在《美伶姐的台灣地方創生故事》中沒有任何著墨，我記憶也有些模糊了。土庫早已是超高齡社會，人口約兩萬七千多

人。土庫的地方創生計畫提出時，台灣的雙語政策正在規劃中，為了達成愈偏鄉愈國際的目標，首要之務是提升當地居民的國際化競爭力。

土庫鎮的吳爾夫先生，致力於推廣英語教育，從幼兒園到大學，不遺餘力。我看到鄉親的強烈企圖心，透過他們的努力，土庫的「國際雙語村地方創生計畫」通過了。疫情這幾年，我雖然沒有再拜訪爾夫的國際文教機構，但在雲林的活動中經常與他相遇，他也提供給我最新的鄉土雙語教材，目的是要讓孩子從小就認識故鄉，還可以用英語自信的介紹家鄉的人、事、物。這種向下扎根的工作，就是地方創生最後一哩路——教育的實踐。

土庫驛可可莊園——創業家返鄉打造創生莊園

土庫驛可可莊園主人陳盈豪，為了照顧及陪伴生病的父親，放棄在對岸長達二十年的企業經營，毅然返鄉。他的故事不僅令人感動，更令人佩服。父親的病，有可治癒的部分，卻也有不可逆的，對於後者，他聽取醫生建議，決定採園藝植物療癒法，給父親較好的生活品質。就是這麼一個信念，他一頭栽進種植可可及製作巧克力這個與前半生職涯迥異的新事業。

盈豪先從找地開始，卻不幸買到一塊遭嚴重汙染的農地，土地之下埋了好幾層各式各樣的廢棄物，反映出台灣社會對公共道德及土地價值的忽視，真令人汗顏。面對這個困境，很多人可能會選擇掩埋事實盡速轉賣並另覓土地，或與原地主打官司，爭取自身權益，搞不好又是一宗難以收場的社會事件。

但盈豪沒這麼做。土庫是他的故鄉，農地旁邊就是他的母校——土庫國小，他不能讓學弟妹在受到汙染的土地旁生活與學習，他要為他們留下乾淨的土地。這種情懷與信念，絕無僅有。他花了五、六千萬，用兩年時間整地清理垃圾。過程中有沒有想放棄？或許有，但盈豪充滿正能量，只看好的一面，努力撐下來了。整地後，他以過去企業經營的經驗，嘗試各種農作物的種植，績效不如預期。而雲林所在的緯度，卻有機會種植可可。目前台灣是全球最北的可可生產國，於是他開始布局他的巧克力王國。

第一步是人才，緣分讓他找到同鄉的李宙禧，一位長期在比利時從事巧克力開發的職人。由於理念相同，李宙禧也採完全天然的製作方式，因此順利加入團隊，擔任技術總監，開始研發「生巧克力」。除了基底的巧克力使用自己種植的可可，其餘風味的添加，都使用雲林在地的水果及物產，力求最好的結合。

二〇一九年開始，我每年都會造訪這座莊園。看到它一步一腳印的建設與拓展，巧克力種類愈來愈多元，口味不斷創新，難怪遊客絡繹不絕，莊園甚至不需尋求銷售管道或投入廣告宣傳，慕名前來的訪客就已讓巧克力供不應求。盈豪羞赧的說，場地都還沒準備好，遊客就一直來，只能盡全力接待。二〇二三年，莊園的二期工程大致就緒，接下來就是周遭停車空間與環境的優化，台灣即將有一座可可莊園！最重要的是，盈豪的理想是要打造一所巧克力學院以培養專業人才，這正是地方創生的核心——以人為本。

巧克力是有益健康的食品，然而國人習慣把它當作甜品看待，盈豪與營運總監劉美蘭正努力改變國人對巧克力的印象，他們認為推廣觀念比販售產品更為重要。

這座莊園不僅為當地居民創造了就業機會，還是一個適合舉辦婚宴、會議及培訓活動的多功能場地。這個以巧克力為主題的複合式場域，為土庫鎮帶來了全新面貌，絕對值得一遊。

盈豪不是青年返鄉，而是事業有成後，為了陪伴父親而放棄事業回到土庫的在地人。莊園的規劃及營運初具規模後，他就把對故鄉的關懷投注到整個土庫鎮。土庫商圈有一座當地信仰中心——順天宮，盈豪就在順天宮旁出生長大。父親一輩子都在宮內服務，媽媽在廟口市場賣麵，那是他小時候的生活圈。

投入地方創生之後，盈豪最迫切的希望，就是為自己出生長大的土庫老街，帶來五十年未見的改變。順天宮除了是鎮上的信仰中心之外，更是此地最具文化底蘊的歷史建築。然而他發現順天宮已長達近九十年未經大整修，建築結構多處損壞，已發生數起事故。雖然文化部已通過古蹟修復補助計畫，但因組織老化，不知如何著手。於是他在二〇二一年主動加入順天宮管理委員會，被推選為常務委員，開始籌備古蹟修復。

經過半年努力，召集鎮內建築及文史相關背景的人成立古蹟修復委員會，終於二〇二二年十月順利發包。但因之前的延宕，以致經費捉襟見肘，除了政府的補助（比例很低）外，還須自籌及募款。

以信仰中心為地標的古蹟，可以帶動及活絡商圈周邊的再造風華，期盼宗教文化與當地的人文脈絡結合後，吸引更多關係人口來到土庫。目前，工程已經展開，期待文化部能給予更多關注。相信盈豪未來會成為推動土庫改變，對地方產生影響力的關鍵人物之一。

商圈的輔導帶動地方的消費，一直是政府的施政重點。主管機關在中央是經濟部的商業司（改制後為「商業發展署」），在地方是經濟發展或產業發展的局處。雖然在推動地方創生的過程中，商圈並非主要的對象，但仍不排除其做為推動項目的可能性。二〇二二年，我在雲林斗南及土庫看到兩個新的商圈夥伴，特色是年輕化，二代、三代接班與傳承創新的新模式。

土庫好 COOL——商圈店家攜手共創美好未來

台灣地方創生基金會於二〇二三年啟動一項與 Niceday 親子旅遊平台的合作計畫——冒險島傳說，這個計畫是讓提供親子互動體驗服務的地創夥伴，學習更多和孩童對話與體驗內容設計的專業，增強團隊的專業能力，在疫情解封後，有能力接待、舉辦更多的親子活動，特別是迎接國外遊客。

經過篩選，我們發現具有潛力的夥伴多在中南部地區，因此，就把實體課程安排在雲林土庫。當天除了獲得鄉公所全力支援外，也讓三十個團隊與土庫商圈的夥伴交流。兩個月不見，這群T恤上寫著斗大「為土庫說故事」的年輕人，代表他們是下一代土庫的新生命，他們是「土庫好 COOL 商圈」，要將美好的故事傳承下去。

當天，商圈夥伴利用自家的產品，精心準備了九道具有地方特色的美食，以九宮格的形式呈現，搭配一碗很在地的當歸鴨麵線。這頓豐盛的饗宴不僅讓與會者感到驚喜，也讓所有人大快朵頤了一番。每一道菜都蘊含著美好的故事，串起商圈所有店家。這群年輕一代的合作無間及不分你我，才是地方創生要實現地方共好的真正價值。

去年十一月，我親自走了一趟商圈，從謝語淇家萬源製麵舖、王偉盛家的順成油廠，到土庫好 COOL 商圈理事長魏安助的阿海師當歸鴨肉麵線店。他們是繼承家業的三代甚至第五代。看到長輩們臉上的滿足與驕傲，彼此之間的互動又是那麼溫馨，地方創生在地幸福生活的代名詞，再一次得到驗證。

語淇的臉書這樣寫著，「做麵，一定要抱著做乎厝內底人呷ㄟ心情，這款麵才是正港ㄟ滋味。」一句話，道盡謝家製麵舖世代相承的精神，萬源製麵從日治昭和時期的先祖謝安和開創迄今，已歷百歲寒暑，傳承五個世代。語淇姐妹接手後，與當地小農合作，將水果與農作的營養置入日晒麵條中，研發出全天然且健康的彩色麵條，令人垂涎三尺。

謝家製麵舖對街是順成油廠，和語淇一起長大的偉盛，是第三代。他說，「我們油廠幾十年來一步一腳印的成長，承襲傳統冷壓油繁瑣工法，雖然無法快速生產，但也因慢慢順順的製程下，更能保留完整的營養與味道。」現在「除了古法冷壓製油外，也在二〇二〇年研發以冷壓苦茶油為基底的東方香料油，嚴選台灣經典辛香食材（蒜頭、老薑、辣椒及迷迭香），將其沐浴於晶瑩剔透的黃金苦茶油中，並釋放純粹風味，不僅添加視覺美感，更為料理添增多層次口感。」我在店裡看到偉盛爸媽開心的臉龐，也看到正在修整的老屋，馬上就要擴充店面，產品並不只油品，還有許多美味的花生糖等多元的新產品。

理事長魏安助，是七十年老店阿海師鴨肉麵線第三代主理人，阿公在八七水災後，在優游的鴨子身上看見生命的韌性與希望，決定讓這道過去只是沿街叫賣的小吃，提升至更高的美味層次，並傳承下去。就是這個堅持，讓老店馳名。當天，我們在店裡用餐，店內座無虛席。店內提供多達十幾至二十種菜色。他們處理鴨子的每一個環節，包括放血、切工，都相當講究，確保客人吃到的不只是美味，更是健康與營養。

當歸麵線是用十餘種藥材燉煮而成，湯汁清澈，安助親自動手做每一道菜餚，

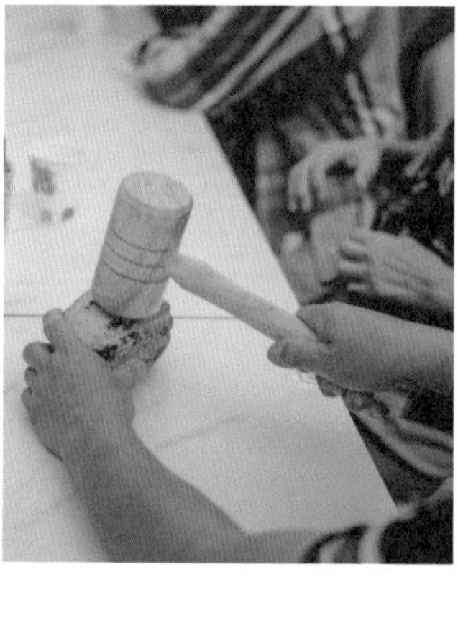

生意蒸蒸日上。即便店內生意忙碌不堪，他仍願接掌商圈理事長的職務服務社區，著實令人感動。

土庫街區還有許多故事待開發，未來在地的走讀與各種商品的體驗，相信可以為土庫帶來全新風貌，我們期待著。

感動之後，還有呢？

看見雲林透過地方創生所帶來的改變，我內心是感動的，我期待每座城鎮都有這樣的感動。沒有寫出來的故事，包括「有朝一日．西螺小農」的創辦人吳佩儒，讓一群返鄉青年與擁有生產技術的在地青農更有自信，並勇於展現自己的決心與態度，讓農村生活也很時尚、很數位，一點都不無聊。他們還有屬於自己的主題曲，帶給農村新的生命。

位於崙背風頭水尾的貓兒干村，將土壤的弱勢轉換成優勢，選用最好的花生，打造花生之村。水林的阿甘薯叔創辦人蘇嘉益，是人稱阿益師的總鋪師，重視品牌與創新，研發許多面子裡子兼顧的絕佳產品，讓水林地瓜產地更受重視。褒忠藏菁閣的許博智與嚮光紀事的張光儀，都對公共事務充滿熱忱，期待透過他們在地方創生的深耕，改變台灣的政治生態。

這一個個精采的故事，值得大家去挖掘。至於可以放飛的團隊，美伶姐給予誠摯的祝福！

不是偏鄉，挖掘島嶼的生命力

——離島

台灣有澎湖、金門、馬祖、綠島、蘭嶼及小琉球等幾個離島，前三者獨立成為一個「縣」的行政區，後三者則為附屬於台東縣與屏東縣治下的鄉鎮。我年輕時，雖曾因公、因私前往這些離島，但真正的緣分，應該是起始於我在國發會主委任內，負責「離島建設條例」及「離島建設基金」的執行。

這個在二〇〇〇年制定的條例，規定由政府於十年內撥入不低於三百億的經費，成立年度公務預算以外的一筆「基金」，專款專用於離島相關建設與發展，讓離島所需的預算經費，不被本島公共建設預算所排擠。為了瞭解計畫執行的狀況，同時回應連江縣陳雪生立委的要求——國發會主委一年至少應前往視察一次，我到訪離島的次數，應該沒有讓陳委員失望。六個離島雖都環海，但各自擁有獨特景觀、環境、人文和歷史，且都擁有不少鐵粉。我們先集中在三個縣治的離島來聊聊。

離島戶籍人口的虛實

我曾在《美伶姐的台灣地方創生故事》中，談到「戶籍人口、常住人口、關係人口、移住人口的糾結」（第三二六頁至三三〇頁）這筆糊塗帳、結構性的問題，恐怕短期內還是看不到較大的變革。

就在台灣總人口數已呈負成長，生不如死的現象已連續四年的當下，我們看到連江、金門、澎湖的人口，從二〇一八年至二〇二三年，都呈現正成長的趨勢。連江縣從一萬三千零五十六人增加至一萬四千零三十九人（增加九百八十三人）、金門縣從十三萬九千兩百七十三人，增加至十四萬四千一百四十九人（增加四千八百七十六人）、澎湖縣則從十萬四千四百四十人，增加至十萬七千七百三十九人（增加三千兩百九十九人），成長的幅度都不小。所以，如果就「戶籍人口」的增加，三個離島都不會被列為「偏鄉」，但事實究竟呢？

今年總統大選當天，有些金門鄉親因班機臨時取消無法回鄉投票而群起抗議，足見戶籍仍然在投票選舉時最具意義。台灣地方創生基金會成立後，我每年都造訪金門，我的理解是，金門雖然有十四萬的戶籍人口，但只有七萬不到的常住人口，這還包括三、四千名金門大學學生的設籍。換言之，超過半數以上的金門人在台灣本島工作、生活，本質上非常住人口，也不是關係人口，應稱為「移動人口」。澎湖、連江的情況也相似。

三個離島，有一個國立綜合大學（金門大學）、一個國立科技大學（澎湖科技大學）、一個國立大學分校（海洋大學馬祖校區），大學的目的在培育人才，人才的培養應適性適所。位在離島的大學，理應將科系與當地產業做連結，才有機會透過產學合作將人才留下來。但事實上，這些大學生不過是暫時的移居者，戶籍遷至離島，也不過是為了各項補貼與投票資格。這樣的政策思維，真令人不敢恭維。

離島人口所以持續增加，設籍所能獲得的福利是顯著的其中一項誘因。但常住人口不足，就絕對無法支撐內需的消費力，如何提升經濟力，振興地方經濟、提升整體發展效益，絕對是地方政府與當地居民，甚至原鄉鄉親關注的重要課題。

離島的產業DNA

三個離島，兩個被交通部觀光署劃為國家風景區（澎湖國家風景區、馬祖國家風景區），兩個被內政部劃為國家公園（澎湖南方四島國家公園、金門國家公園）。所以，三個離島基本上都依賴觀光創造消費與經濟效益。

金門在小三通及陸客來台頻繁的年代，包括大型飯店的興建、免稅商店的開設及與觀光有關的餐飲、伴手禮等都欣欣向榮。隨著兩岸關係變化，陸客不再來，加上疫情期間封鎖，昔日榮景不再。疫情期間的國旅大補貼也不過是短暫的興奮劑，難以維繫，更難談永續。二〇二二年，連接金門本島與烈嶼鄉的金門大橋，在多年建設後終於通車，是否能為金門各景點帶來更便捷的交通，值得期待。

馬祖雖然在客觀條件上不及金門與澎湖，但從前任劉增應縣長到現任王忠銘縣長，都明確意識到馬祖的優勢。他們以傳統閩東文化與生態島為基底發展觀光產業，成功轉型馬祖的戰地形象，給旅人值得探索的「新馬祖印象」。近兩年來，馬祖更以「國際藝術島」的定位，吸引世界各地的藝術家匯聚於此，以「馬祖釀」主題接軌國際，讓世界看到馬祖。馬祖人爭氣又團結，成功塑造與眾不同的個性。

澎湖是三個離島當中，政府最早有整體發展建設計畫的島嶼，從第一次政黨輪替以來，便致力於將澎湖打造為「低碳島」。然而好像始終沒有得到在地居民的廣泛認同，同時也缺乏地方政府及民意代表的支持。政黨更迭帶來的首長輪替，使得一艘讓鄉親往返台灣與澎湖之間更為方便安全的渡輪，都波折重重。政策反覆的結果，不僅浪費公帑，也影響政府的行政效率。儘管如此，近年來舉辦的國際海上花火節活動，似乎成為澎湖觀光的代表。

金門與馬祖都有酒廠，釀酒產業可說是這兩個縣市的金雞母，也是挹注居民福利與地方建設經費的重要來源。二〇二二年是金門酒廠創建七十週年的重要時刻。在兩岸開放交流後，金門高粱酒前進大陸市場，一枝獨秀，創造高產值與超過百億的銷售額，在台灣白酒市占率高達百分八十，在中國大陸也有一席之地。

金門酒廠屬於金門縣政府的公營事業機構，一九九八年轉型為「金門酒廠實業股份有限公司」，二〇一三年雖締造一百五十多億的銷售高峰，但前金門縣長楊鎮浯曾語重心長的說，金門如果只依賴金酒與觀光，將面臨市場景氣波動和兩岸政治風險所帶來的不確定性。這個擔憂，在二〇一六年後得到了驗證。

反之，馬祖陳高在過去十年逆勢成長。失去八八坑道品牌的馬祖陳高，致力於釀酒環境與技術的提升，從二〇一七年開始參加美國舊金山世界烈酒大賽（SFWSC），馬祖陳高、東湧陳高都獲得雙金獎，東湧陳高更因連續三年獲雙金肯定，在二〇二二年，以擁有無可替代的甘醇口感，創下台灣史上首度唯一在白酒品類奪得鉑金獎（platinum）的最高殊榮，真是皇天不負苦心人，在世界舞台發光發熱。

馬祖酒廠建廠於一九五六年，比金門酒廠晚一些，原來隸屬於馬防部，解除戰地政務後移轉給連江縣政府，一九九九年改制為公司，早期南竿酒廠以生產老酒與高粱酒為主，另外則在東引成立高粱酒廠。南竿與東引的風味差異，馬祖酒廠總經理劉九銘以個人觀察分析說，「東引緯度高、氣溫低，礦脈屬閃長岩，礦脈影響水質，所釀造的高粱酒清香中帶點醬味，這份醬味也被形容為木質香或蜜餞味，使得東湧陳高獨樹一幟；南竿則是以花崗岩為主要礦層，高粱酒的風味清香帶甜，些許果香更添順口感。」*我的親身體驗是，兩款陳高都非常順口香甜，不嗆不辣，的確是酒類極品。

品酒是一種文化，如果馬祖有如此天然適合釀酒的地理環境（緯度、溫度、水質與地質），我們應將此優勢化為品牌力行銷國際。二〇二五年，南竿的第二酒廠即將完成興建啟用，期待台灣高粱在世界烈酒市場占有一席之地。

地方創生，金門並未缺席

二〇二一年五月《美伶姐的台灣地方創生故事》出版後，我最常被問到的問題是，一樣是離島，我為什麼偏愛馬祖，書中沒有金門的篇章？

我的答案是，相較於馬祖，金門戶籍人口持續增加，金門縣的財政也因為有金酒收益的挹注，居民福利相當不錯，因此當初並未將金門列在優先推動的第一波。

我在行政院祕書長及國發會主委任內，雖曾追隨兩任院長去了金門五、六次，但目的不是勘災，就是視察金門大橋建設的進度，沒有機會與在地團隊交流。雖然在台北松菸倉庫、赴日本丸之內舉辦的兩場台灣地方創生展，都有金門的攤位，我也只對項目內容有印象，而缺乏第一線的實地觀察。出書前也一直沒有因緣，而來不及補足。遺漏金門是我的問題，不是金門沒有好的案例、優秀團隊，更不是金門不需推動地方創生，只是沒有被我看見罷了。

二〇二二年初，趁著農曆年前，我造訪大、小金門，和留鄉、回鄉、移居，以及還在測試金門魅力的團隊，來了一趟點燃火種的「第一次接觸」。他們雖然沒有像馬祖青年發展協會那樣的組織可凝聚眾人力量共同推動，但每一個團隊在所屬領域及角落，尋找自己的DNA，試著將傳統與創新結合、科技與人文交融，著手深

＊　天下文化二〇二二年出版的《品馬祖．島嶼釀》第一七〇頁至一七七頁，對馬祖的酒有深入報導與分析。

耕與振興地方的精神，很是令人感動。雖然他們也一臉疑惑的問我，這樣做對嗎？什麼是真正的「地方創生」？顯然在地團隊有心，但缺乏與本島的更多交流機會。他們仍處於試驗和探索的階段，其實並不令人意外。

出門那天，台北陰雨，飛機大約晚了十分鐘降落，金門也是雨天，心裡想著怎麼這麼不會選日子，聽說前幾天都是晴天啊！未料金門人因天降甘霖而欣喜不已，太久沒下雨，大家還在擔心乾旱。我的心情因此由悶轉樂，開始享受金門的雨。

十分鐘的船程來到烈嶼鄉（小金門）。從海上望去，即將完工的金門大橋映入眼簾，讓我憶起曾隨同兩位行政院長前往視察的情景。看到大橋即將通車，很是雀躍。這是我第一次到小金門，行政單位是烈嶼鄉，在戰地政務時期，曾有上萬名阿兵哥駐守，他們是鄉內最大的消費群體。當軍事功能不再，常住人口大減，如何維持地區的發展與活絡，是一大挑戰。

林長征與陳家揚是小金門推動地方創生的粽子頭，不管是商圈再造、老屋欣力，都讓戰地風貌再現。掛滿國旗的老街，會是烈嶼鄉沉浸式體驗的舞台，在地居民與訪客都可以是舞台上的主配角，讓所有人回到過去，玩玩時空倒轉的遊戲。家揚是熱情十足且很有想法的年輕人，也得到鄉親的信任與支持，希望他能持續努力，致力於地方創生的扎根與深耕工作。

金門農作物以高粱與小麥為大宗，認識這兩種作物，成為體驗與文創的出口，需要創新、巧思與設計。在這場交流中，我看到許多準備移居或正在打工換宿的一群年輕面孔，他們從實作中，看到生命力，從人與人的互動中，看到都市所沒有的人際關係，原來這才是他們想要的。

我還見到小金門的年輕女鄉長——洪若珊，她生於斯長於斯，侃侃而談治理理念與家鄉建設的願景，我發現她有女力的務實與誠實，真不簡單。她的努力，讓她順利在二〇二二年連任，恭喜她。另外，下次造訪小金門，我要安排過夜，以便有機會品嚐當地獨有的高品質芋頭，這種入口即化的口感，對於我這個從主餐、甜點到冰品無一不愛的芋頭愛好者來說，真有如獲至寶之感。

來到農會的接待室，我見到四位壯丁，他們從台灣移居金門，從事有機農業與畜牧產業。稱他們為「壯丁」，是因為他們擁有在豔陽下揮汗工作留下的膚色、體型及歲月的痕跡。努力自不在話下，成果也令人激賞。但要如何擴大規模、做出品牌，以及克服氣候變遷帶來的衝擊，是他們最大的挑戰。以牛肉產品為例，目前並無代表台灣的品牌，金門非常有機會成為代表。要如何努力，傳承最重要。幾位壯丁從當天下午和前輩薛承琛董事長請益至晚上九點多還欲罷不能，好學不倦的精神令人佩服。期待在前輩的帶領下，金門畜牧與牛肉產業可以成為台灣之光。

最後一站來到陽翟老街，是另一種戰地風光，許多融合戰地元素的個性小店林立，讓我感受到，這一代年輕人不見得都想離鄉背井出外打拚，他們更愛發掘故鄉隱藏版的文化底蘊，搭配現代科技，吸引各式各樣的關係人口來探索金門，進而喜愛金門。

很特別的是，這些經營者很多都是女生，她們親切的和訪客話家常，將走訪老街的經歷轉化成一場生活的體驗與學習歷史的機會。這種結合街區改造與歷史文化遺跡的做法，在許多鄉鎮都有成功的案例。只要做出區隔，找到自身風格，不抄襲、不模仿，就是地方創生的一種型態。蛋糕小姐工作室的陳可敏，在過去兩年裡努力學習，即便在台灣本島的活動，也都看得到她的身影，令人感動。

這一趟金門行，見到許多前輩，包括許久未見的李炷烽前縣長，也是前立法委員。歲月並未在委員身上留下什麼痕跡，依然中氣十足、記憶力超強。細數過去他和我在行政院法規會服務時的互動，還留下許多文本紀錄。其實當時我所做的，不過是盡一個公務員的本分，但老縣長卻深記在心，一直說要代金門人感謝我，我實在愧不敢當。

二〇二二年初的金門創生之旅初體驗，非常感謝我公務生涯中的超級好朋友——中選會前主任祕書莊國祥的安排。他是金門人，一直心繫故鄉的發展。他老家還在，每年都會回去幾次。二〇二三年國祥退休，想回金門修老屋，也想投入地方創生，我舉雙手贊成，他再次邀請我到金門走走，也請我給他一些意見。他的老家有偌大庭園，雖然多處雜草叢生，但家中的石雕藝術家已完成的十八羅漢像，讓這個戶外空間與朱銘美術館有異曲同工之妙，很值得花心思整理，提供給旅人一個不一樣的文化藝術巷饗宴。

才隔一年，金門縣政府政黨輪替了，由甫加入民眾黨的陳福海回鍋擔任縣長。陳縣長上一任時，我還在公部門服務，有業務的往來，所以相互熟識。這次特別前往拜訪，希望他支持地方創生，台灣地方創生基金會將成為橋接民間資源的平台。雖然我知道縣長還有更高的施政項目待推動，但我相信地方創生有助於在地經濟力的提升，絕對會對縣政的發展有幫助。

如今，金門大橋通車了，從大金門到烈嶼鄉（俗稱小金門），全程五・四公里，是台灣第一座深水域跨海脊背橋，車程只需六分鐘不到。這座橋二〇一二年動工，經歷兩個營造廠商解約的紛爭，最後由東丕營造在二〇一六年取得資格，費時六年建造完成，於二〇二二年十月正式通車。

我之所以特別有感，是因為第二標廢標後，我正好回到行政院工作，參與部分的歷程，也見證東丕營造的努力與專業，證明台灣廠商是有海事工程實力的。橋通了，交通方便了，烈嶼鄉的居民來往大小金門便利許多，但便利之餘，烈嶼的觀光會否產生影響，特別是住宿商機會不會被大金門磁吸走？這恐怕得等待一段時間再來檢視。

金門大橋成為金門的新地標，視野最好、可以眺望整座大橋的拍照點，則是在大金門金寧鄉的海院子民宿前，不但擁有無敵海景，整座金門大橋夜景還能盡收眼底，如此美景讓人很有感。金門縣政府用彩虹的七種顏色，一週七天不同顏色的光雕，讓整座橋亮起來。然而我意外發現，橋的後方，可清楚看到近在咫尺的繁華高樓林立、燈火通明的城市，那是對岸的廈門，回頭望向金門，卻是一片黯淡，實在有點寂寥。

這次行程主要是受文化局的邀請，和在地關心地方創生的朋友分享經驗與故事。當天是週末，出席人數不算多，但都是金門在地的「頭人」，關心金門發展的前輩，我發現，有很多教育界的前校長，其中胡璉文化藝術基金會陳龍安董事長還特別從台灣回來共襄盛舉。有長輩陪同年輕的子孫輩同來的，當然還有在地地創夥伴及不少移居的朋友。他們都專心認真的聽分享，也提出許多問題和我交流，看得出來他們內心有焦慮，也有期待。

政府為了保存文化與生態的需要，早將金門大部分地區劃入國家公園，進行保存及維護，所以金門的地方創生如果從古厝維護開始做起，融入傳統文化元素，讓古厝的文化底蘊驅動地方人文和產業，或許可以營造金門未來發展的新契機。但因古厝劃入園區，反而讓私有財產的利用自由度被層層法規綁死，這方面的限制還亟需突破。金門國家公園與台灣本島幾個國家公園，在環境上與所要保護的項目對象未盡相同，不應用同一套法規來約制，更不應只有防弊而沒有興利的作為。

金門島上尚有大量的文化資產——閩南式傳統建築，及金門人在大時代的變遷下前往南洋做生意成功返鄉的企業家，在當地蓋的「古洋樓」，如今仍風姿綽約的屹立著。這些蘊含歷史、故事的建築物遍布在不同的聚落裡，成為金門島最獨特且引人矚目的人文景觀，同時也是世界少見且多元的建築群。若能對這些傳統古厝及華美多樣的古洋樓進行妥善維護和修復，並透過有策略的經營管理，不僅能給更多創業家機會，還能見證金門子弟努力奮發及外出冒險打拚的歷史痕跡，成為金門獨有的地域品牌。

在國發會的青年工作站計畫中，我看到了金門的團隊獲選。但此趟金門行，卻沒有看到透過計畫的執行而增加新的團隊，或吸引新的創生夥伴，甚至沒有金門大學師生的參與或USR計畫的執行，甚是可惜。如果可以集結民間力量，如陳龍安董事長、魏本嵢教授、吳啟騰校長、莊國祥主祕，及怡盛集團創辦人黃平璋董事長等聯手，我相信，金門的地方創生必定會有亮麗的成果。

揭「竿」而起，我的馬祖夢

愛上馬祖，不需要什麼理由，更不必談什麼淵源，因為馬祖的魅力早已在那兒，只是我們視野不夠高，眼球不夠準罷了。

從「點」、「線」、「面」認識馬祖，要從我擔任國發會主委說起。一次離島建設委員會上，來自連江的陳雪生委員霸氣的說，做為離島建設基金主管機關的首

嘉年華

打造複合式創生工作空間

長，每年至少應該到馬祖一次吧！劉增應前縣長則是滿臉的誠意與熱情的邀請。坦白說，雪生委員這個要求應該很卑微，但為什麼過去的主委做不到？辯駁無益，承諾做到是我唯一的回答。這五年來，我踏上馬祖的次數，累計已近二十次，每次探訪，除了堆疊我對馬祖的認識與瞭解之外，更讚嘆生活在這塊「國之北疆」土地上人民的韌性與自信。

相較於金門及澎湖，同為離島的馬祖，不論在人口、天然資源與政府公共建設的挹注上，顯然還有一段需要追趕的落差（澎湖一九七一年就有跨海大橋、金門大橋在二〇二二年十月正式通車，馬祖的南北竿大橋核定迄今已有四年，後續綜合規畫不知順利否？）。但同樣都是戰地政務解除後的地方整體發展，因沒有事前的超前部署，也沒有事後周全的執行方案，我相信「金馬」居民必有相同的失落，但在馬祖人的身上，我也看到靠人不如靠己的決心，勇敢做自己、打造屬於自己的地域品牌，這就是王道！

近距離瞭解馬祖，則是我在推動台灣地方創生的「接地氣」之旅中，像剝洋蔥般的一次一次驚喜發現。除了熟悉的南竿、北竿之外，也到過東引、東莒及大坵等島訪視。透過交流及盤點馬祖的資源，發現她是台灣唯一傳承閩東文化遺產的城鎮、是戰地景觀文化遺產的保存地，更是擁有渾然天成地質特色資源的島嶼城市。雖沒有傲人的農業，卻有蘿蔔、大白菜、高麗菜三寶健康食材；雖然沒有工業與科技園區，但有庶民生活不離的老酒與品質完全不遜於金門的高粱酒產業，這些都是老天眷顧馬祖的資產，亟待開發磨成寶玉，繁榮島嶼帶來商機。

然而在交流與互動之後，我卻發現，馬祖最吸引及感動我的，是「人」。

在馬祖這個「忘齡之島」，銀髮族應該被稱為「壯世代」，他們牙齒奇好、聲音宏亮，歲月的痕跡沒有帶走記憶，腦袋裡滿滿的故事，個個十八般武藝，待客如親，我如沐春風；馬祖公共治理的鐵三角——王忠銘縣長及前任劉增應縣長、張永江議長、陳雪生立法委員，同心協力為馬祖的整體發展奉獻，是難得的地方自治典範；馬祖青年不管是留鄉、回鄉、移居、空中二地飛，都有強烈的故鄉認同感與使命感，這群新生力量對馬祖的未來發展充滿自信，他們的斜槓人生正好呼應疫後新世界 New Normal 的來臨，成為愈在地、愈國際的指標城市。

處在台灣總人口負成長的此刻，馬祖的出生率逆勢成長，有完整的生養配套，讓年輕夫妻敢生敢養。我認識馬祖青年發展協會幾位夥伴，五年來，包括日光春禾的劉浩晨、小柒咖啡的邱思奇、協會首任理事長曹雅評，都已添了一至兩個寶寶，是真正的「創生」案例，令人開心不已。

馬祖四鄉五島，先天條件不如金門、澎湖。南竿、北竿雖都有機場，但受限於腹地與天然環境，飛機起降需靠目視，一旦起霧，就得停飛，所以有這麼一個順口溜：「馬祖不是一個你想來就可以來，也不是想走就走得了的地方。」

二〇二三年二月中旬，我受邀前往馬祖縣府演講，當天早上南北竿機場都關閉，縣府同仁一直擔心我到不了，他們就得重新規劃行程。我的班機是下午三點四十分起飛，我一直老神在在，心想下午霧就會散了。到了下午兩點多，龍福山莊的王元嵩來訊，告知壁山山頂露出來了，飛機應該可以飛。龍福山莊位於機場前，走路不到五分鐘就可抵達，所以元嵩早已練就判斷神準的工夫。就這樣，我順利飛抵北竿，而當天就只飛了這麼一班，之前、之後的班機全取消了！

除了航空，船運也是馬祖與本島間的重要交通需求。舊台馬輪在承載這個任務二十六年後，二〇二三年交棒給新台馬輪，這個新船計畫可為台灣地方治理樹立一個典範。行政院於二〇一九年四月二十六日核定「新台馬輪購建計畫」，二〇二二年新船在日本九州開工，二〇二三年三月完工交船，四月十六日正式首航。一個超過十億金額的造船計畫，從核定到啟航前後只花了五年，一個地方政府可以有這麼高的行政效率，除了主事者，兩位前後任縣長功不可沒之外，馬祖鄉親的高度共識，與代表民意的首長、立法委員的齊力同心，更是成就這件美事的鐵三角。

新船外觀以簡潔的色塊搭配線條，融入馬祖當地元素，設計新穎，空間規劃得宜，全船可載運六百多位旅客、四十五輛小客車或十八輛遊覽車及四個大型冷藏／冷凍櫃，足以滿足鄉親往返運送、生鮮蔬果載運及郵件包裹的託運，更是台灣第一艘無障礙設施的輪船。從基隆港出發，還沒睡醒就抵達馬祖，下次去馬祖，也可選擇換個方式前往。

南竿、北竿、東莒、西莒、東引五個島，天然地形環境並不相同，島與島間只能靠船隻接駁，陸地則多屬丘陵且地勢陡峭，特別是東引，高低起伏大，最大型的交通工具是中型小巴，遊客如騎乘摩托車，最好先熟悉地形地貌，確保安全。在金門大橋通車後，我們期待南北竿大橋興建順利，盡早通車。*

馬祖的優勢，在於所有島嶼的整合，就是一個大範圍的地質公園，每座島嶼各

* 南北竿大橋在地方引領期盼下，這座跨海大橋的可行性評估報告在二〇一八年奉行政院核定，目前刻正進行綜合規畫。她的難度可能高於金門大橋，但對於地方發展有著重大意義，期待盡快動工，讓馬祖島際交通更上一層樓。

有特色，擁有多樣性的風貌。

南竿是縣政府所在地，縣府大樓前的廣大空地留給老百姓耕作，種蔬菜、水果、種花，形成一個非常特殊的景觀，這個官民共管共享的園地叫作山隴蔬菜公園。馬祖是個島嶼，居民多半捕魚維生，民間信仰則是供奉媽祖來保佑。

天后宮對面的「巨神像——媽祖像」，是由三百六十五片花崗岩拼接而成，要祝福大家一年三百六十五天日日平安。媽祖像的高度（加上避雷針）為二十九．六公尺，正好與馬祖的總面積二十九．六平方公里數字相同。站在神像下方，抬頭一望，媽祖低垂溫柔的眼神正凝視著你，好像聽到你的祈求。設計師的巧思，讓這座宗教藝術園區平添更多想像與故事。神像下方則是過去軍人生活的坑道，被完整保留著，包括只能平躺的床位，遊客可親身感受，軍人是如何在艱困的生活環境下，捍衛著後方台灣本島居民的平安。

位於天后宮旁的馬港老街，曾是阿兵哥休假的最佳駐留處。軍人撤出後，只剩寂靜冷清，老街失去了人聲。如今，除了具代表性的繼光餅專賣店、軍品紀念商店外，在介壽獅子市場擺攤賣手沖咖啡、名噪一時的小柒咖啡、懿家小酒館，還有我最喜歡的比薩大王的老酒麵線，這些商家慢慢活絡老街區。轉個身，島嶼花草民宿也非常吸睛。期待這些地方創生團隊，讓馬港老街回復過往的榮景時光。

金門、馬祖都曾是戰地，許多軍事據點在終止戰地政務後，並沒有完整的配套與規畫，非常可惜。這幾年來，經過地方政府努力的整理後重新開放，成為令人驚豔的觀光體驗場域。我非常喜歡北海坑道，除了見證過去阿兵哥的鬼斧神工外，就是在坑道內感受當下時空的靜謐。短短三十分鐘，還可享受搖櫓的樂趣，水聲、人聲、解說聲、歌聲，在坑道內交織如空谷般的迴音。進出坑道時，別忘了和當初施工的阿兵哥們合照留下紀念。

北竿是一個令人心神嚮往的療癒島嶼。二〇二〇年我卸任公職後，再次來到北竿，大都不是單槍匹馬，而是陪同第一次來到馬祖的親友或新創夥伴前來。二〇二二年，我認識的三位連續創業家，決定籌組「永續影響力投資」（Sustainable Impact Capital, SIC）的投資網絡，號召對永續及社會影響力議題的新創朋友加入，為地球盡一份心力。

他們投資了一家探索水產科技，這家新創公司使用獨特且無毒的配方餌料來養殖水產生物，堅決不使用業界常用的生長激素，讓顧客安心享受美味健康的水產品。他們更取得專利，透過台灣東部獨有，海平面兩百公尺以下的海洋深層水，以其潔淨、低溫、富有營養鹽，以及逆透壓的特性來馴化魚類及淨化貝類，提升魚體及貝類的肉質與風味。這套馴化技術，也讓他們看上馬祖的「淡菜」。

馬祖海域的淡菜，素有海中威而鋼之稱，是非常美味的貝類，經濟價值相當高。我們在比利時吃到的起士淡菜鍋，顆粒小，一般只有馬祖的二分之一大，甚至更小。所以，如果可以透過深層海水的馴化技術，一定可以讓產值提升。

探索水產科技蔡啟林董事長，在馬祖北竿與高登島間的海域，已有馴化淡菜的試驗場域，我們利用春末夏初的時節，來到北竿。天公作美，風平浪靜，我們搭著小船，來到位於高登島外的平台。別小看這個小平台船屋，基本生活需求設備一應俱全，但每兩、三天，就要探望淡菜寶寶的生長情形，是相當辛苦的工作。有年輕人願意投入，很是令人感動。

蔡董事長熟練的將沉在海底的淡菜養殖簍拉上來，我們才知道海水的拍打力道，會影響淡菜的生長。深層海水馴化專利技術得來不易，如果有更多適合的魚、貝類，能透過馴化技術提升品質及價格，絕對值得一試。原來馬祖海域不只有野生的黃魚、龍蝦，還有淡菜的養殖場域值得開發。這趟旅程不僅上了一堂養殖課，增廣見聞，晚上還吃到最新鮮美味的淡菜，值得！

擁有地中海風情的芹壁村、大坵，是我非常喜歡的北竿地標。芹壁這幾年受到颱風侵襲，甚至山壁滑落，所幸聚落並未受到太大影響。但面對氣候變遷，不能存有僥倖心理，應做好水土保持與環境維護，才能讓這片留存重要歷史的村落，成為見證馬祖生態與人文平衡的重要指標。

大坵島上的梅花鹿，已從當初台北市動物園捐贈的四隻，復育到近兩百隻。這個有總量管制的島嶼，在疫情期間，逆勢操作，兩位前後任鄉長陳如嵐、吳金平在島上舉辦「暗空之夜」，成為島嶼夏天的新亮點，除了藍眼淚，馬祖還有更多選擇。下次去北竿，坂里與塘岐村的走讀，同樣會帶給旅人滿滿的驚奇。

我幾乎是同時認識「馬祖」，與「馬祖青年發展協會」。這群二、三十歲的返鄉青年，確實讓馬祖的視角有所改變。第一次和他們座談，是二〇一八年，轉眼六年過去了，創生寶寶也多了好幾個！但這群「馬青」依然各自發展得有聲有色。

馬祖最會說故事及攝影的周小馬、開發「痛風鍋」及「藍眼淚葡萄酒」出名的龍福山莊二代王元嵩、日光春禾積極參與公共事務的主理人劉浩晨、成功創造品牌研發「高粱咖啡」的小柒咖啡邱思奇、懿家小酒館的女力代表姚懿、沐光民宿與YAHOCHOCO巧克力的傳承緯、位於東引鹹味島合作社的蔡沛原、從據點經營轉

同島一命

馬祖

連江縣政府
Maritime and Port Bureau, MOTC
新臺馬輪
首航典禮

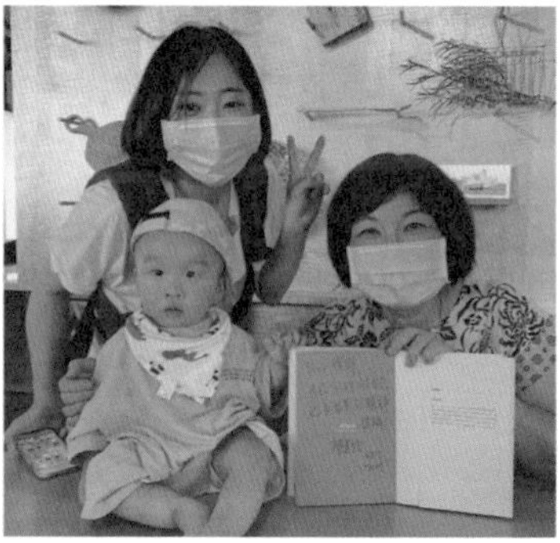

MATSU

小柒咖啡
馬港店

戰馬港老街營造的劉增亞、在台大博士班深造的黃開洋、持續推動閩東文化教育扎根的首任理事長曹雅評，還有在北竿坂里持續說故事的王傳仁、雲記山莊的主人陳紫開校長等，都是地方創生的見證人，馬祖的新生命力代表，值得驕傲！

澎湖——花火節之外的菊島創生故事

澎湖的花火節是台灣有名的活動。二〇〇二年，澎湖外海發生華航空難，波及澎湖的觀光產業。縣府為了提振觀光，與華航合作於農曆七夕舉辦「千萬風情在菊島」晚會，非常成功，隔年邀集其他航空公司與企業舉辦第一屆「海上花火節」，成為代表澎湖的節慶活動，每年四至六月，吸引眾多觀光人潮，疫情期間還達到四十多萬人高峰。轉眼間，這個年度活動即將邁入第二個二十年。

澎湖，不是一個島嶼，而是由大小九十個島嶼所組成的群島。其中十九個島嶼有人居住。人口集中在本島的馬公市、西湖鄉，及白沙、西嶼、望安、七美等鄉鎮，戶籍人口十萬餘人，常住人口約六萬人。地質則屬火山地形的玄武岩，圍繞的海域多有潮間帶。澎湖縣政府依文化資產保存法規定，在二〇二〇年將全區陸域與周圍的潮間帶劃設為澎湖海洋地質公園，包括核心地景保護區的玄武岩自然保留區、貓嶼海鳥保護區、望安島綠蠵龜產卵棲息地保護區，及環境教育區等，此一劃設對地質的維護管理深具意義與價值。

除有自然地景的地質公園外，澎湖尚有一登錄為文化景觀的石滬群，也被文化部列為全台十八個具有世界遺產價值的潛力點之一，尤其七美的雙心石，被譽為永恆愛戀的象徵。這些文化資產，都是澎湖的優勢，如何借助此優勢，透過在地的文化傳承，發展屬於澎湖特色的永續產業，擺脫季風帶來的不利因素，創造條件吸引遊客在非花火節期間，也能前往澎湖旅遊。

二〇二二年台灣地方創生基金會成立的第一年，我們與林事務所的林承毅執行長合作「尋路共創塾」計畫，最後一站來到澎湖。而就在三個月前，我與基金會董事任聿新受邀到馬公市，與在地團隊分享交流地方創生的經驗與執行面。

在澎湖認識的第一個創生夥伴，是來自台灣本島的林子揚，他黝黑的皮膚告訴我，他住在澎湖已有相當長的時間。目前從事漁業相關產業經營，還是有證照的西餐廚師。他和熱情十足且使命感強烈的劉謦榕老師攜手成立澎湖縣農嶼海青年創生協會，用「永續海洋」與「跨域生產」理念，打造澎湖「農漁村生態營造」、「農漁村傳統文化及技藝風貌保存」、「友善特色農漁村空間營造」、「食農（魚）教育推廣」，及「農漁村永續旅遊體驗」等創生事業，希望夥伴們都能有共同發展符合商業效益、旅遊教育及海洋永續的經營模式。

我意外發現，協會成員中，有不少是澎湖科技大學畢業的學生與移居者，返鄉的比例則沒有特別的顯著。

當晚，我們有一個相當別致的晚餐，由子揚主廚擔綱，地點在湖西鄉的「龍門閉鎖陣地」內沙灘旁。顧名思義，這裡原是個戰備基地，國軍撤除後，林務局於此種植防風林，造林人員發現一條全長約七百零五公尺的坑道，經縣府努力整理成為軍事文化景點。

這裡的沙灘很美，晚上很適合戶外的體驗，經當時鄉長吳政杰的解說，更瞭解在地的人文地產故事。鄉長本身就是一本活字典，還是說故事達人。台灣許多地區缺乏夜間的活動，這裡卻能成為讓人眼睛一亮的例外。

另外，當然不能忘記短短三年內竄起的新秀——年年有鰆的巫佳容。已經不記得初次聽到佳容的名字是何時？她是「關鍵評論網」選拔出來的未來大人物之一，表示她未滿三十歲。

這位年輕的小女生，基於對鯨豚保育的熱情，隻身來到澎湖，落地生根，成為真正的創生新住民。她愛屋及烏，把對鯨豚的愛，轉換為對整個海洋教育的推廣、食魚教育的身體力行，把食材當成教材，也保存澎湖特有的漁業文化，讓海洋教育成為日常生活。

除了海洋教育、食魚教育，她還深入挖掘過去澎湖漁民的常民文化，設計成體驗課程，「敲魚乾」就是非常受歡迎的活動，遊客在過程中能獲得許多樂趣，還能製作零食，寓教於樂。體驗經濟結合文化傳承，正是地方創生的魅力所在。

二〇二二年十二月，我們來到澎南雞母塢的三合院，這是年年有鰆的基地，有點偏僻，也不太好找。在這個不大的空間裡，擺滿了各式各樣的看板，圖解介紹各種魚類知識，簡直就像個海洋漁業的寶藏庫。此外，還有各式不知名的魚標本。佳容每次上台，基本配備是手拿一個魚玩偶，問大家是否認識它？那是「鰆」，也就是土魠魚，是澎湖的代表魚種，一條土魠魚可賣到兩、三萬元。原來，我們在小吃攤一碗五、六十元的土魠魚羹，並非來自澎湖。

佳容發現，即使是澎湖在地的孩子，也鮮少走進魚市場。她透過魚市場導覽，展開從市場到餐桌的教育，教導遊客從食材開始認識魚類。除了市場內常見的食用魚外，她還發現魚網中有為數不少的非目標捕撈魚種，通稱為「下雜魚」，英文是Trash Fish，亦即「垃圾魚」。這些魚中有些是來不及長大的小魚，更多是沒有經濟價值的魚種。然而，其中不乏許多稀有、珍貴或應特別保育的海洋生物，卻常被當作飼料或魚粉處理，實在可惜。因此，這些下雜魚成為佳容團隊研究的對象，並製作成教材與標本，讓我們對海洋生物有更深層的認識。

愛研究、愛看書的佳容，在這個小空間裡還騰出一隅設立小鰆書房，藏書豐富多樣，包含各種圖鑑、童書，還有不知從哪裡引進的立體解剖書，這本書可能是全台灣乃至全亞洲僅有的一本。佳容說，如果遇到有緣人，還是願意賣出這些珍藏書籍。

團隊還有幾位年紀很輕的男生，問他們為何加入年年有鰆，大家幾乎異口同聲回答，是出於對海洋文化的熱愛與使命感。這個原來只有三、四人的小團隊，如今已迅速擴展，成員數量倍增。他們告訴我，他們的目標是減少對政府計畫的依賴，並希望在兩年內就可以自力更生，達到永續發展的目標。二〇二四年，他們搬新家了，恭喜年年有鰆團隊！

兩位十大傑出青年闖出地方創生的一片天
——新竹

二〇二二年疫情尚未退散，地方創生界即迎來不小的喜悅，ReWood 木酢達人創辦人陳偉誠、大山北月的小巨人莊凱詠，雙雙獲得十大傑出青年的殊榮。雖然他們早已獲獎無數，但在同一年榮獲十傑的青睞，還是非常值得恭賀。難得的是，這兩位都來自新竹的「偏鄉」，一個在湖口，一個在橫山，兩人都是清華大學碩士畢業，性格積極樂觀。

偉誠一直是我的驕傲，他的文筆與歌聲出眾，有時我不禁懷疑，他會不會是被創生耽誤的文學家與歌唱家？

他們兩人身邊，都有一位偉大的女性支持著。偉誠的太太謝惠婷本身就是個綠手指，可以在黑黑的木炭中找到永續價值，並在生活中實踐，融入偉誠的志業裡，攜手打拚。

凱詠在環境更不利的大山背區，重新賦予一個廢棄小學新生，也導入商業模式，在女友吳宜靜的鼓勵及陪伴下，成為創生的典範案例。二〇二四年春天，兩人完成終身大事，祝福這對神仙伴侶。

上：圖中為新竹縣縣長楊文科先生。

ReWood——小城創生，找到幸福的總和

陳偉誠的森林循環永續，是他繼承家業並青出於藍的木酢達人之後再創的新事業、新品牌。我和偉誠的緣分很早，《美伶姐的台灣地方創生故事》第二九一頁至二九七頁有所詳述，他的故事是我分享時出現頻率最高的典範。

二〇二一年十一月二十日，Meet Taipei 創新創業嘉年華在南港展覽館舉辦，特別感謝基金會董事AAMA台北搖籃計畫創辦人顏漏有校長，特別給地方創生一個分享的機會，主題設定為「地方創生的機會與挑戰」。當天，我邀請兩位主題演講者及馬祖、台東團隊前來分享。其中一個就是偉誠。因為他的主題是「森林循環永續」，我特別邀請當時的林務局局長林華慶前來指導，一方面希望尋求與政府合作的機會，解決台灣大量廢枯危木的問題，另一方面則希望把偉誠推到更大的舞台。

偉誠分享完畢，聽眾都齊聚到他的小小攤位，欣賞他用斷裂球棒製作成的小圓凳子，凳子的四腳保留球棒的原型，輕巧可愛又富有故事性。此外，攤位上展示的碳盆栽不僅個個獨一無二，且既美觀還能釋放負離子，有助於改善家中空氣品質，真是恨不得全買下來，可惜當天只做觀賞用。

台灣每年約有一千萬公噸的廢枯危木，過去可能丟進焚化爐、掩埋場、放把火燒掉，或任其腐爛。這些廢料若能被對工藝有興趣的朋友利用，不僅能習得一技之長，還能讓中高齡的老工藝家，包括偉誠爸爸的技藝得以傳承，形成善的循環。如此一來，就能延長焚化爐的使用年限，朝零廢棄目標邁進，更符合二〇五〇淨零碳排的目標。同時，也能減少台灣民眾對進口木家具的需求，降低碳足跡與排碳量，進而還能救地球。

這幾年來，偉誠的木工坊已累積了六、七百位學員，其中女性近六成，很多家庭主婦利用孩子上學時的空檔前來學習，也有十餘位成為 ReWood 的創作家，他們製作的各類生活家具或擺飾。基於板材特性，每件作品都是獨一無二，不僅實用，還有設計感，堪稱工藝作品。這些作品所使用的技術結合傳統工藝和含金量極高的創新技術，不論是電腦桌、抽屜櫃、椅子，都看不到鐵釘，而是透過科技的精準規劃，以木榫的工法讓木材相互嵌合，牢固且優雅。

ReWood 幫助有心學習的夥伴之外，也開發許多體驗課程，給前來的朋友深入瞭解台灣森林與循環經濟的故事，現場可親自體驗做一項作品，企業家最喜歡的「炭琴」（台語諧音「賺錢」）、小椅子、小花檯也好，都是很棒的選擇，帶走滿滿的知識與身心的療癒。歡迎前往新竹湖口一探究竟。

短短幾年，偉誠已建置了系統，擴展各種可能的合作模式，例如與林業及自然保育署各地分署的「提升國產材利用」、「增加森林面積」、協助解決外來種植物氾濫對生態產生影響的方案，或技術合作如精油、純露萃取，製作木酢清潔用品，讓過去為公益目的而保存的許多珍貴廢木，如柳杉等，重新變身為有用的板材，除了變現讓國庫進帳外，也達到了固碳的效益。

又如與各級學校合作，包括他的母校清華大學與新竹在地的國中小，進行「生物碳校園循環利用計畫」，學校因此節省了每年必須編列預算進行校樹疏伐的經費，還可回饋課桌椅給學童使用，可說是一堂活生生的循環經濟課程。至於與企業的合作，則包括台積電、友達光電、緯創科技、中華開發金控等，都有各種不同類型的合作模式，也助攻企業的ESG報告，讓ESG報告不再是作文比賽，而是更全面的照顧到各方利害關係人。在聯合報系的「500輯」計畫中，偉誠這樣說：

常有人問我，怎麼看待青年回鄉與地方創生，我認為是要找到自己「幸福的總和」。像我覺得不只是考量收入或多優渥的公司福利，我認為如果能跟許多有相同理念的好友們一起工作一起打拚生活，還能陪伴父母，在熟悉的家鄉生養孩子，才是真幸福！透過持續創新進步，改變林產業的新面貌，我能帶給家鄉湖口的，是讓大家再次相信，在家鄉小城市裡創生也能自信、抬頭挺胸面對外界疑問的一種地方新生活姿態。

現在，木酢達人和 ReWood 團隊在湖口所創建的美好地方創生生態系，每位夥伴至少有兩個孩子、一棟房子，及不錯的薪資，生活少了都會的高壓，優游自在，不但能平衡家庭生活與工作，每天睜開眼，都是在為地球的永續貢獻力量，是一份值得驕傲的事業，也是為下一代打造更好生存環境的工作，何樂不為？

在木酢達人的大家庭裡，偉誠的爸媽雖然年紀已長，還是「很好用、很有用」，和這群大孩子一起，非常有成就感。午餐時間一到，就有豐盛的菜餚，這是陳媽媽最快樂的時光，因為可以照顧他們的生活，我曾見證這樣的歡樂時刻；陳爸爸一早起來就會問，「今天有多少學員要來學習？」地方創生從不應排除長輩，他們是最重要的資產，我們一定要全齡共創。從偉誠及團隊這一路走來的成績，我可以很篤定的說，這樣的生活，才是下一代選擇的新生活，是地方創生真正力量的展現。

REWOOD

龍眼炭
樟木炭
相思炭
橄欖炭
苦楝炭
生物炭
菱角炭
檳榔果炭
備長炭

大山北月——翻轉廢棄學校為人氣園區

稱莊凱詠為小巨人，是因他小時候軟骨發育不全，身高只有一百三十公分。這個先天的障礙，從來不是他成長過程中的局限。記得他曾分享，他喜歡棒球，但從沒有機會進入棒球隊。一次，正好少了一個球員，他一站上打擊區，眾人才發現他的厲害，因為他的好球帶較小，投手投不出好球，他因此被保送上一壘，成為比賽時上壘的保證，成功將劣勢翻轉成優勢，這展現了他樂觀的心境與健康的心念。

凱詠的人生態度充滿同理、包容與體諒他人的心。他曾說：「天空或許離我比較遙遠，但我的雙腳仍扎實的踏在這片土地上。」稱他「小巨人」當之無愧！

橫山鄉位於新竹縣中央位置，四周的鄉鎮是尖石、五峰、芎林、關西及竹東，人口大約一萬多人，多數國人可能對內灣老街、吊橋、內灣支線較有印象。境內有一座名為大山背山的山脈橫亙著。

凱詠是學霸，大學是政大企管系，研究所則是清華大學服務科學研究所，他與宜靜兩人都不是新竹在地人。讀研究所時，跟隨指導教授林福仁的計畫，沿著新竹的台三線來到橫山鄉，就這樣，與荒廢多年的豐鄉國小相遇了。二〇一四年，一直想創業的凱詠，承租閒置已久的空間重新改造，並取了一個新名字——大山北月。

二〇二二年十一月一個濕冷的日子，我拉著雜學校的蘇仰志校長，一起前往大山北月拜訪凱詠。路程有點遠，我們終於抵達一個較近的停車場。沿路往上走，看到大山北月的招牌，卻不見凱詠身影，原來他一早就去協助農民採收，我們便自行四處逛逛。這所學校具有典型台灣偏鄉學校的外觀與規模，建於日治時期，房舍品質還不錯，從空間大小來看，這裡應該一直都是個「小」學校。

凱詠說，他覺得這裡很美，荒廢了太可惜，因此承租了當時這個還荒煙蔓草的空間，然後才思考可以做什麼事情。他用研究所所學專業「服務科學」的思維，思考如何與在地連結，找到在地的需求，尋求解決方案，再建立商業模式。

我們當天看到一間已具規模的複合式餐廳、策展空間及企業外訓地點。凱詠的創意設計完全復刻了記憶中的小學教室，座椅是小學課桌椅、菜單設計成課本模樣、牆上掛有黑板、點菜方式則是寫考卷。餐點結合當地農特產品，推出「山月慢食套餐」，包括峨嵋的東方美人茶香檳、關西的手工仙草冷麵、橫山的窯烤麵包、竹東的手工麻糬，以及北埔的擂茶冰沙等，旅客享受美食的同時，還能透過食物體驗新竹山區的風土人情。我在這個空間發現三大亮點及一個巧思：

有一間教室是大山背柑橘菓室，就像個橘子博物館，裡頭有各種意想不到的橘科果實，不是模型，也不是標本，而是一顆顆真實的果物，配合繪有五十四種柑橘品種、特色產品、創意料理的柑橘撲克牌，寓教於樂，生動又活潑，除了獲得滿滿的知識，還能認識橫山鄉、大山背山的特色與品牌。

第二個亮點是提供藝術家進駐及展示創作的空間，這些空間不僅可與當地生態環境結合，還能促進與訪客之間更多的對話和交流。

第三個亮點在教室尾端的轉角處，設置了好幾座大銅鑼，這是一個利用鑼聲進行戶外冥想的場域。參與者可以安靜的坐下來，透過聲音與環境的互動，洗滌身心，去除穢氣，恢復元氣，特別適合忙碌的都市人。

而意外的巧思，則是利用屋頂平台，打造一處可在室內紮營的住宿體驗，使企業內訓不必因為移動而增加成本及困擾，從而順利進行。

凱詠在接受媒體訪問時曾說，他喜歡「翻轉」的概念，他將廢棄的學校翻轉成為「人氣」園區、把苦瓜做成甜甜的糖果、把賣相不好的橘子做成果蜜等。我和仰志拜訪後的心得是，這就是一個翻轉教育的實驗場域，不只有食農教育，還有當地的生態環境教育，更協助在地小農用好價錢賣出產品，帶給消費者滿滿的喜悅。

大山北月

凱詠還協助身障朋友走出家門。一位從未玩過盪鞦韆的長者，在大山北月首次體驗了這項活動。我雖不在現場，仍可想像他們滿足的笑容。凱詠不斷將不可能變為可能，政大與清大的教育成就了他。他擁有創意、服務熱忱、公益思維，但建立永續的商業模式才是關鍵。即使在偏鄉，地方創生依然能夠深刻且感人。

新竹地方創生的下一步

三年前，納入我收藏的新竹地方創生故事並不少。卸任公職後，曾受現任竹北市長鄭朝方之邀，至中央大學客家學院與新竹在地地創夥伴交流，感受到新竹的地方生命力正在萌芽中。事實上，新竹縣市的人口數一直在成長，特別是竹北及竹東地區，圍繞著新竹科學園區的外溢效應。前任縣長邱鏡淳曾告訴我，他每年都在覓地蓋小學，供不應求，這應該是台灣二十二個縣市絕無僅有的獨特榮景。

二〇二三年，新竹市人口總數為四十五萬六千四百餘人、新竹縣五十八萬九千兩百餘人，共一百零四萬多人，尚不符地制法升格總人口數的規定。二〇二二年縣市長選舉前，還吵著要合併升格成第七個直轄市。其實直轄市是否有助於城市的整體發展，還有待觀察。況且台灣還有「頭重腳輕」的問題，若再透過這種行政手段，恐怕情況會更加嚴重。至於台灣的行政規劃究竟幾都幾縣為合適，則是另一重要議題。如果可以讓地方創生推動一段時間，慢慢結合在地產業形成聚落與生活圈，那麼新的行政區劃就可水到渠成，過去人口數硬性劃定的時代就能走入歷史了。

錦泰茶業——重現老茶廠的過去、現在，展望未來

二〇二四年開春一個風和日麗適合郊遊的日子，我受台灣數位平台經濟協會理事長彭仕邦的邀請，來到關西拜訪錦泰老茶廠。這個在一九三六年取得日本政府生產許可創立的茶廠，因獲得日本重要商社外銷訂單，全盛時期一天可產七千五百斤粗製茶，是一個從生產到從事外銷的大型貿易公司。看過「茶金歲月」的朋友，就可以想像當時台灣茶產業的盛況與榮景。

錦泰茶廠於一九九二年出口六十萬公斤的茶葉，榮獲財政部頒給「納稅報國獎章」，風光一時。曾幾何時，隨著人力的流失、年輕人離鄉、技術傳承無接班人，

新竹的茶產業一再凋零，這間位於關西牛欄河親水公園旁的老茶廠顯得有點孤寂，因為周遭已蓋滿了住宅。然而走進茶廠，只能用超級驚豔及瞠目結舌來形容我的感受！這麼一個飽藏豐富文化資產的場域，幸好長輩們堅持不賣給建商蓋房子，轉型為觀光茶廠，後代子孫才有機會大開眼界。

打開文化部「亞洲產業文化資產平台」的網頁，錦泰茶廠列為經典案例之一，可見公部門知道關西有一個代表台灣的產業文化場域。雖是私有財產，若能透過公私協力，賦予老茶廠新生命，該有多好。除了樓上的倉庫保存著大量的老茶外，還保留日治時期至今的製茶機具，包括全台最大的炒菁機、乾燥機等一應俱全，閉上眼睛，彷彿能感受到所有機器都開始運轉時的強大動能。

彭理事長指著一層樓高的輸送帶告訴我，他小時候都把它當作滑梯來溜。而一個約三十坪大的空間，門口掛著一個木製小匾，上書「錦泰茶文物館」，這裡保存所有的證書、許可證、獎狀、書信往返等文書，還有用稻稈編織的客家保溫壺「茶壽」等珍貴文物，館內收藏的客家文物種類繁多，都是極具保存價值的文化資產，不僅蘊含豐富的故事，更有台灣產業發展脈絡與在地「人文地產景」的厚度。然而，這些文物收藏在這個小空間裡，難免被忽略其真正的價值，甚為可惜。

如果透過地方創生理念與做法，重新打造這座老茶廠，傳承創新，我高度肯定其可行性，及所能帶來的效益與文化價值。這個場域也會是一個活的教育空間，可以創造體驗經濟的商業模式。期待有志之士攜手規劃及執行，讓下一代及全世界看到台灣茶產業的過去、現在與未來的新願景。

竹治設計——揉合傳統與現代的造鎮理念

關西舊稱鹹菜甕，據聞是日治時期，可能因「鹹菜」與日語「關西」的發音略同，所以將鹹菜甕與石岡子改名為「關西庄」，之後就一直沿用迄今。關西鎮人口數兩萬七千餘人，是個小型城鎮，但就人口密度來看，擁有最多的人瑞，所以一直有「長壽鎮」的美名。

基金會平台上的關西夥伴是竹治設計團隊，主理人羅傑是在地人，二〇一五年返鄉，以「未來鄉村——一種三代人都能返鄉共居共好的新聚落生活型態」，做為團隊從事地方創生的主題，做法類似重新造鎮的概念。羅傑是建築師，而關西老街短短的距離就有十數棟百年老屋，很有特色。我很喜歡他這樣的說法：

如果我現在蓋了一個漂亮的玻璃帷幕大樓，放在台灣可以，放在東京、歐洲也都可以，但是像傳統的三合院，放在其他國家就是很怪。也就是說，三合院只適合台灣，但是為何大部分人都要蓋所謂的現代建築，而不考慮蓋傳統建築呢？

建立對在地文化的自信，所有創新設計都來自傳統，羅傑稱它為「地域建築」，就是要讓大家看到原汁原味從土地長出來的建築物。

我走訪了他們改造的兩個空間，一是具有複合式功能，由官舍改造成的酉味緒。「酉」是指客家釀造、醃漬、發酵等飲食文化的傳承概念，而「味緒」則是客語「味道」的音譯，代表著對風土文化的敬意。這裡提供最在地的食材所研發出來的餐點。

一是位於鬧區客運站與便利商店樓上的策展空間與戶外的餐酒館窩廳車站。這個閒置了二十年的空間被重新賦予了新生命，為附近辛勞工作的工程師提供一個放鬆和交流的場域，白天則可做為親子體驗的活動場所。

羅傑在關西這種近似造鎮的計畫，與花蓮新城練習曲書店胡文偉教練、台南山海屯許明揚的理念及做法類似，或許可以透過交流分享更多經驗。

統酸甘茶

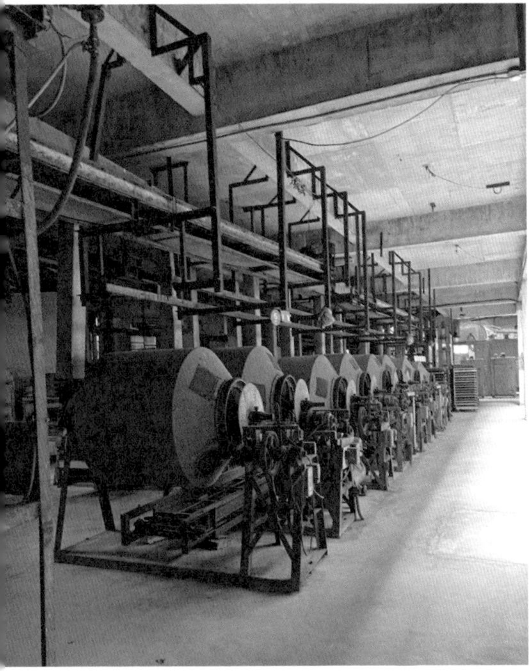

山城與花園城市的新樣貌

——苗栗、南投中興新村

台灣的西部廊道，從桃園到新竹，一方面受益於台北、新北人口過度集中居住大不易的外溢效果，一方面受益於新竹科學園區人才大量需求的帶動，人口數不斷成長。從南崁交流道下，桃園的重劃區一棟棟新建摩天住宅大樓林立，就能感受到這兩個城市的蓬勃發展不可限量，因為重大公共工程建設還在持續加碼中。

然而過了新竹，高鐵的下一站——苗栗，景象則大為不同。苗栗的人口數和新竹縣其實相差不多，但由於其地理環境有百分之八十是山地與丘陵，導致建設的推動不如預期。苗栗在區域劃分上屬於中部，但氣候比較接近北部，人口則主要為客家人。

二〇一六年，國家級的「浪漫台三線計畫」，政府挹注大量的預算，八年了，成效有待評估。但從地方創生的角度來看，考量苗栗的先天地理環境及人文背景，或許還是應走出一條屬於自己的陽光道。

二〇一九年台灣地方創生國家戰略計畫啟動後，時任客委會主委的李永得，是第一個對我說會全力支持的部會首長。我知道浪漫台三線計畫致力於振興客家產業，相信兩個國家級計畫，不但可以互補，還能產生加乘效果。後來，我離開了政府部門，李主委也轉任文化部長。

二〇二三年秋天，客委會同仁來訊表示，將在年底舉辦一場「客庄社區經濟論壇」，邀請我與會分享，我欣然接受。接任的楊長鎮主委也是我過去的同事，擁有深厚的文化背景。他深刻理解地區產業與文化的扎根，可能比客語認證來得迫切。這個論壇參與的人數之多，也令我感到意外。所有客家庄的鄉鎮長都到齊，相關部會、法人代表及學者專家也都出席，擠滿了整個福華會館。

楊主委全程仔細聆聽，還特別指出，因應客庄產業結構變遷、人口外流、少子化及高齡化所帶來的經濟衝擊，應尋求協助鄉鎮市量身訂製合適策略，將資源集中於主體，並分配效益，帶動鄉鎮市的發展動能。這次論壇的目標是客庄的「鄉鎮」，旨在建立「共同幸福的客庄」，這正是地方創生的精髓所在。

除了國內的講者，論壇還特別邀請了日本社區商業綜合研究所細內信孝所長，分享日本在社區經濟政策規畫、策略及發展觀光、祭典、美食，以及產業的相關成功案例。細內所長認為，台日兩國有許多共同點，社區居民都積極的在激發出自主性和經營能力，希望振興地方經濟，並且保持地方自我發展的自主權，是一場相當成功的論壇。

客庄社區經濟論壇
共同幸福
客庄

山城裡蓬勃崛起的地創團隊

二〇二二年台灣地方選舉，在地方創生界掀起一陣小小的漣漪。苑裡掀海風創辦人之一劉育育，以政治素人之姿打敗政壇老將，上演「小蝦米戰勝大鯨魚」戲碼，以「毋免拜託，作伙打拚」的競選標語，一步一腳印的拜票、說明理念，最終證明山城苑裡是個勇敢的民主小鎮。

劉育育與林秀芃返鄉十年，深耕地方，透過經營獨立書店、複合式餐飲藝文空間、學童課後照顧、友善小農和走讀苑裡等，建立在地認同。原本只是小小的樹苗，如今劉育育成為擔負起照顧整個苑裡的父母官，著實令人敬佩。期待這顆閃亮的珍珠串連更多台灣的民主新思維，翻轉我們的政治生態。

二〇二四年台灣地方創生基金會年度小聚，有將近六十個團隊出席，其中有五十個團隊上台分享經驗。這些團隊來自全台二十一個縣市（獨缺金門），苗栗有四個團隊出席，包括竹南的中山 168、偉盛工作室的氺の尼泥研製所、苗栗市的 Bonbons 法式甜食工作室、銅鑼的山山藝文化實驗室，四個團隊、三對夫妻，成員平均年齡很輕，令人感到十分振奮。看到他們的熱情，我也不自覺的心熱了。

中山168——竹南文創工作者的舞台

五十年的在地鐘錶店第二代徐嘉明與妻子莊雅婷（Tina），把一個看似凋零的傳統鐘錶產業，重現為所有人都不可能離開的「時間」概念。他們於二〇二〇年承租位於竹南車站旁的台鐵竹南2號倉庫。這個空間髒亂不堪，他們從整理、設計到改造完成，總共清出了一百多公斤的灰塵，賦予老空間全新的面貌，成為中山168藝文基地。

他們藉由這個空間，以文化與傳承的思維，串連在地青年的力量，透過多元工藝與藝術教育課程，提供苗栗一個文創藝術家交流及發揮的舞台，提升地域生活美學。內部的設計與物件展示，在《美伶姐的台灣地方創生故事》（第二七六至二八〇頁）有詳細介紹，於茲不贅。

疫情期間，我關心他們的營運狀況。再訪時，我帶著雜學校校長蘇仰志一同前來，當天下著雨。下車時，阿志問：「美伶姐，妳不是說苗栗嗎？妳怎麼帶我來『新竹』？」原來，這就是看到「竹南」的直接反應。

當天是休息日，空間顯得有點空蕩蕩，但牆上那幅由數萬片鐘錶零件拼成的畫

作，不僅吸睛，更令人讚嘆美學與工藝的巧妙結合。另一幅畫則由各年代的時鐘拼成，呈現一個歷史畫面，上面寫著暖心的文字

> 我們修的不只是鐘錶，也重現無數個美好回憶。
> As a "TIME KEEPER", We not only repair "timeplace", but also reappear precious memories.

疫情期間，他們憑著毅力，努力維持營運，雖然辛苦，但因為有理想、夢想，足以凝聚返鄉遊子的熱情，中山 168 沒有停下腳步。然而隨著疫情解封，中山 168 原本期待可以「一路發」的衝勁，卻於二〇二四年初撞牆了。

原本租期五年、續租三年（五＋三）的合約，「房東」突然反問：「你們是歷史建築嗎？是合法建物嗎？」這些問題本應由房東負責，卻反過來質疑房客，並告知租期結束就需搬離，那個「＋三」不過是個幌子。

租客承租時，耗費大量金錢幫房東解決閒置空間的問題，讓「監察院」緊盯著的蚊子館少了一幢，房東因此舒了口氣。如今，這個空間有了新生命，且低度利用

並無安全疑慮，整修成本的貸款尚未還清，房東卻以「監察院」的指示為由，聲稱這些「沒有建造執照」、「沒有使用執照」的倉庫不准再出租。試問，沒有建、使照，是誰的責任？這座倉庫已有七十年歷史，誰曾關心過那些執照有什麼用？一個公部門合法招標、決標的空間再利用項目，如果缺乏用心、創意和具體做法，是不可能得到評委認可的。如今，遊子返鄉努力卻血本無歸，一切將從零開始，真是情何以堪，對公部門的信任基礎完全崩解。中山 168 只是其中一案，事件還在進行中，類似案例也在台灣各地發酵中。期待政府拿出魄力，趕走房客絕對不是上策，徹底解決全國老舊房舍無建使照的配套措施，才是有良心並真正關心民眾的政府應承擔的責任。

氺の尼泥研製所——為零廢棄生活盡心力

陳志偉與佟維妮這對年輕夫妻，同樣在竹南打造屬於他們的夢想。基金會平台的網頁上，大大的寫著「地球上沒有廢棄物，只有放錯地方的資源」，這就是年輕人的洞察與企圖心，要為「零廢棄生活」盡一份心力。

氺の尼泥研製所是他們的品牌，他們用水庫清出的淤泥，將之轉變成功能材料，加入水泥與石灰，產生如同人體皮膚兼具防水與透氣結構的材料，再經過維妮的三D技術與美學設計，製作出栩栩如生的可愛公仔，成為很棒的文創商品。這幾年來，我從一些活動或企業手中收到的禮品，幾乎都是出自這一對夫妻的巧手與有品味的發想，完全沒有水泥的「堅硬」、「冰冷」，只有小倆口用心的「溫度」與「創意」。

木酢達人陳偉誠也協助他們把炭循環的概念導入，並取得新型專利，聯手用循環經濟為地球盡一份心力。你在坊間看到的胖胖招財貓，就是他們的產品，可愛的白沙屯媽祖公仔也是！

這對可愛且積極進取的夫妻，為山城創造了新的景象。

山山藝文化實驗室——五感走讀銅鑼山林

郭楠暘與洪安慧，是隱身在苗栗銅鑼雙峰山的藝文工作者，他們加入基金會平台後，我就一直追蹤他們的「山山藝文化實驗室－里山學旅」粉絲頁，也邀他們來上Podcast節目「地方創聲」。聽完了故事才知道，千里姻緣一線牽，他們兩人從「臉友」變成「夫妻」。

銅鑼是安慧的故鄉，有著小時候的美好回憶。然而離鄉求學再返鄉後，發現土地開發破壞了山林的生態。安慧疼惜鄉土，加上有使命感，她要用自己的力量來阻止這種破壞。她與楠暘開始盤點地方的文化資源，用生態教育、藝文扎根、深度旅行，記錄下雙峰山的一切。

楠暘過去有文史調查的背景，因此對在地文化的觀察十分敏銳。他發現銅鑼還有居民會在溪邊洗衣，不僅婆婆媽媽會這麼做，年輕婦女也同樣這麼做，就連河川整治設計時，也刻意保留了這個「洗衫坑」，成為文化體驗的空間。

山山藝文化實驗室在安慧辭去音樂老師的工作專職投入後，變得更為壯大，他們要打造一個沒有框架的在地創生模式，包括「山山學堂」、「里山學旅」與「環境劇場」。希望吸引竹苗年輕人藉由各種課程，如槌染、花草手做擴香片、溯溪、生火等，加強對在地的認同感，催化出更多友善運用土地的精神。

里山學旅是要打造一百個永續的體驗之旅，讓大家更認識銅鑼、認識雙峰山的生態文化。環境劇場則是透過藝術表演與在地地景結合，揉造出在地的生命力與藝

我跟旁邊那個黑黑的
都是有加炭哦!!!
招集在地青年夥伴
使用回收可用素材
金運

2024創生小聚

BONBONS

術養分。像是在水圳中演戲，或是在茶園裡演出國樂、現代舞等。居民的共同參與，不僅讓他們感受家鄉的美好，還能傳遞給所有來訪的旅人。

里山賽夏——一個共好的感動故事

家父及家母生前都曾在林務局花蓮木瓜林區服務，只是我的就學歷程及工作都與森林搭不上關係，即使從事法制作業，參與法規的制定與修正，卻未曾走到第一線。儘管如此，我對林務局還是有一種特殊的感情。

二〇一五年八月蘇迪勒颱風重創台灣，其中烏來是重災區，也形成孤島，二〇一六年新政府上任，林全院長很快就安排了前往烏來視察復建情形。當地居民向院長陳情，烏來台車（俗稱蹦蹦車）是烏來的觀光命脈，如今因地基流失復駛無望，對當地居民的生計有重大影響。

院長指示擔任祕書長的我召開專案會議，務求盡早恢復通車。這個任務雖然困難，但抽絲剝繭後，我們即將士用命，進行期程管理，跨中央相關部會及地方政府全員啟動，終於在二〇一七年八月前完成所有法制作業、行政流程等軟體配套及硬體修復工作，正式復駛，送給林院長對當地居民承諾的成績單，也是院長同年九月卸任的最好禮物。

因為這個個案，讓我與主責機關林務局結緣。當時的局長，就是現在林業及自然保育署署長林華慶。後來，不管在公務上或私底下，我們都有很多的交流及互動。他是一個非典型的林業首長，觀念新穎，能激勵同仁朝著創新思維邁進。過去三年，我走訪了不少林業署轄下的場域，看到同仁積極樂觀且充滿活力，翻轉過去冷冰冰的衙門形象，既親民也愛民，還有強烈的包容心，令人感動。

與政府和解．魔鬼變天使

苗栗南庄是客家庄的代表，我鮮少有機會前往。疫情這三年，經常看到媒體報導南庄賽夏族與政府和解的訊息，接著也發現這一切行動，發動者是前林務局，而不是原住民委員會。我好奇且急著想找到答案，終於有機會前往「里山賽夏」一訪。

二〇二四年農曆春節前夕，我與木酢達人陳偉誠一同前往。里山賽夏的主理人根誌優長老，過去在演藝圈相當有名氣，曾上過老牌演藝節目「五燈獎」，連闖五度五關，也擔任部落體驗節目主持人。

故事要從一段歷史談起。根長老說，蓬萊村（部落）從一九四五年起發展整整停滯了五十年。由於蓬萊村鄰近的加里山是盜伐熱區，族人不能隨意進入祖傳的獵捕耕作之地，不然林務局可能會懷疑他們是來盜林的，族人因此視林務局為魔鬼，彼此對立，難以維生，不得已慢慢遷出此地。長期以來，加里山的部落不但人口外流、老化，連帶賽夏的文化也產生斷層。

二〇一八年，終於迎來一線曙光！政府的林業政策開始調整，林務局與部落在立法院簽署「夥伴關係宣言」，揭示「過去，國家法制忽略原住民族生活的主體性；現在，要理解、尊重原住民族傳統文化及自然資源權利」，這樣的宣示，充分表達政府的誠意，但族人心中仍存有疑慮。

根長老問林華慶局長如何改善過去與政府的緊張關係？局長建議可以從學習養蜂做起。因為蜜蜂可以為產業發展做生態監測、控管土地、空間、產業數量，維持生態的平衡，也可以少量生產精緻多元的林下產品，維持生計。於是根長老號召九位族人投入養蜂，製作森林蜜販售。二〇一九年五月，部落成立「有限責任苗栗縣賽夏族原住民林業暨勞動合作社」，由根長老擔任理事主席，開始有組織的進行部落經濟的振興，為族人創造就業機會。

要建立族人對政府的信任，就從轉換他們的角色做起。首先，是訓練族人成為「山林的巡護員」，過去他們或許曾被視為山老鼠，現在則成為正正當當的山林生態守護者；接著訓練合作社成員疏伐的專業技術，再委託他們協助林班地的人工林撫育疏伐，擁有專業執照的族人，已成為具有國際水準的伐木技師，不是只會砍樹的工人，二〇二三年除了取得國際的認證外，還曾前往奧地利學習國際塔式集材森林管理技術。有了穩定的工作可維持生計，是族人最卑微的期待，也是讓族人理解自食其力的喜悅。

政府與民眾之間的信任關係，其實可以透過公務員的作為來增進。林業署新竹分署的技正謝立忻是關鍵人物。根長老說，加里山交通不便，客運班次很少，但謝技正（二〇二三年八月已陞任科長）這個年輕的小女生，經常在假日從新竹搭乘客運，歷經數小時車程來到部落與族人交流，協助解決各種難題。感動之餘，他更感受到政府真的已擺脫了過去魔鬼的角色，成為天使。

經過五年多來的努力，合作社成員已從個位數成長到一百四十位之多。根長老說，被部落遺棄的人、部落頭痛的人、離鄉的高風險族人、在部落內無法穩定生活的人，全都受益了。特別是離鄉的年輕人驕傲自信的回來了，只要學習知識，依法行事，就能擁有自主權及經濟權。

現在合作社成員依其分工，有「林下經濟」、「林業經營」、「山林巡護」、「森林小站」（由過去的管制站改裝成產品門市）、「生態導覽」、「森林療癒」及「循環經濟」等組別，除了蜂蜜，也種植段木香菇、養殖保種雞。合作社的財務完全公開透明，每個人的獲益也在增加中。這個政策翻轉過去的思維，讓森林生態、部落生計及政府治理達到三贏的局面。二〇二三年二月，合作社通過認證，成為國際里山的正式會員，原來部落也可以有國際的能見度。

修復賽夏文化斷層．恢復成年禮的感動

族人的生計穩定了，根長老念念不忘的是賽夏族的文化斷層何時可以修復？賽夏祕境隱藏在加里山，這是一個民族教育場域，也是賽夏族孩子舉行成年禮考試的地方，更是民族藥草植物園。睽違五十四年的傳統成年禮，於二〇二二年八月

右：站在賽夏族過去舉行成年禮的傳統領域內，特別是百年「猴歡喜」高聳大樹旁，除了見證人的渺小，也感受到族群融合的迫切。

復辦，正是復振傳統文化、傳承山林智識的精神表現，令長輩們感動落淚。此外，即將滅絕的民族植物「南庄橙」（嘎達釉）也在復育中，我們祝福很快就能復育成功，也見證里山賽夏的作為與決策是正確的。

從林業署的角度，這是一個共同謀求部落與山林永續發展的互信、互助、互利與共享、共榮的政策；對於地方創生的政策角度，我會認為這是一個部落創生的典範案例，找到屬於自己的DNA、振興在地產業、創造就業機會，讓人口回流，產品也建立了地域品牌，同時透過生態導覽與森林療癒吸引關係人口，以及大型企業參與認養土地種植台灣杉，共同守護山林，與自然和諧共生，這就是一個完整的地方創生生態系，值得推崇及推薦。

等待曙光的花園城市

南投中興新村，是台灣第一個花園城市都市計畫的小鎮，台灣省政府時代，是個繁華有生命力的代表，兩萬多個省府員工、兩千多戶公教人員家庭在這裡快樂生活。然而經歷了精省、九二一地震，花園城市已凋零了二十餘年。

我在《美伶姐的台灣地方創生故事》中告訴大家，從監察院的調查報告可以看到，中興新村再起計畫再怎麼冠冕堂皇、再怎麼宏遠偉大，如果政策不夠有遠見、不能真正打中要害，地方仍會持續蕭條，這讓當地居民情何以堪。問責高層以下的公務員，他們也是非戰之罪，並非他們不努力。

歷盡波折的中興新村

二〇一八年，立法院不再編列省府預算，虛級省政府真的走入歷史。省府員工改組納入中央部會的國發會，對於苦守在地的他們，至少有了歸屬感。

國發會在中興新村成立活化辦公室後，讓當地居民重新燃起希望。在地居民多期待這次不再是「狼來了！」擔任主委的我，也曾信誓旦旦的告訴里長們，要對政府有信心，我們一起努力，讓中興新村恢復行政機能，透過最後一批組織改造，讓中央三級機關進駐，特別是那些服務對象多在中南部的機關，讓公務員能移居到這座花園城市，享有居住的保障，重回省府時代的「氛圍」（我當然不敢說重回省府時代的「榮景」，因為我知道回不去了），活絡中興新村。

之後，國發會協助潛力機關進駐，開始整理辦公廳舍，也引進民間資源，將宿舍區內可供公共使用的房舍先行活化再利用，供在地或移居的居民經營各種地方創生產業。這些可愛夥伴的圖像在《美伶姐的台灣地方創生故事》第二五四頁至二五九頁有所描述。疫情期間，我持續關注地創夥伴的發展，數度前去分享其他縣市的地方創生故事，也在村子度過安靜的夜晚，住進那個原來是首長家的民宿，體驗當時的生活條件。

不到四年光景，政府對活化中興新村的看法又改變了。隨著中興大學的進駐，一通過「台灣省政府」的古蹟牌樓，左前方就能看到一棟白色的四層大樓（從外觀看起來是五樓），寫著「國立中興大學南投分部」綜合大樓，落款的是前任校長薛富盛。

中興大學的官網上有一張二十九個區域規劃的「大」學城藍圖，含括北核心、中核心及南核心，據說目前僅有新設的環境學院進駐。國發會中興新村活化專案辦公室變身為以工程為主的單位，負責整修工作，一年有數億預算要執行。原先規劃給進駐機關同仁的辦公大樓、宿舍、小巨蛋，現在全數移交給興大使用。

二〇二二年縣市長選舉時，中興新村大學城成為某陣營競選的政見。另外，國發會也將整修完成的主管宿舍群，設置為「地方創生青年創業孵化基地」及「中興新村地方創生育成村」，委外由工研院管理營運，提供創業青年進駐。我幾次前往或路過，並未看到人員及車輛進出。

這樣的改變在地居民是否買單，我不得而知。但政府一宣布全區做為大學城使用，周邊地價、房價迅速上揚，這是我到訪時聽到最多的抱怨。而原來規劃在南核心的公務機關，全集中到北核心，也引發一些公務員的不滿。

我必須要對當初的信誓旦旦表達歉意，也衷心為中興新村的居民祈願與祝福！

省府日常散策——慢慢走，體驗小鎮魅力

在中興新村的地方創生團隊中，一定要提的是華麗轉身、省府日常散策的創辦人朱怡甄。怡甄是從台中嫁到鹿谷的南投媳婦，她曾在資策會工作，離開後就落腳中興新村。她創業的過程並不是很順利，不過在資策會服務的經驗，讓她熟悉政府計畫的審查及對計畫書的要求。

當角色轉換，她成為提案人，向政府機關提送的計畫一再被退件，她曾一度失去信心。幸好最後找到眉角，並憑著她堅強的意志、好學不倦、與人為善的個性，總算是關關難過關關過，走出了自己的陽光大道。

「散策」是日文書寫的漢字，意思是慢慢的走，體驗日常文化的魅力。中興新村這個花園城市，本來就值得細細品味與發掘。走讀是很棒的體驗，每棵大樹的姿態，都美得讓人肅然起敬，隨處看得到的各種在地特色植物，也能讓人感受到大自然的能量。

走進巷弄，不僅能體驗庶民生活的樣貌，還能品嚐中興新村的在地美食。此外，一幢幢充滿故事的建築和場域，透過人與空間的對話，讓這個深具地方特色的文化資產重新被看見。中興新村是一個兼具歷史文化、生活模式、情感記憶的生活場域，台灣應該找不到第二個。

疫情期間，怡甄夫妻沒有放棄、退縮，反而愈挫愈勇，他們攜手盤點、整理、爬梳中興新村的自然人文資源，打造服務體驗遊程，協助在地夥伴賦能，「培育」成為她的主要職能及可持續性的商業模式。

怡甄好學無私，我經常在全台各地的論壇、活動場合碰到她。她除了自己努力

SLOW TRIPIN

學習之外，還把在其他縣市看到、學到的知識，帶回南投分享給在地夥伴，例如基金會的ＳＤＧｓ桌遊、社會影響力課程等，都讓我感動。她希望讓村子更好，而且是要大家共好。藉由怡甄與在地夥伴的合作串連，村子活絡起來，才能吸引更多關係人口前來參訪，我對此抱持樂觀態度。因為，這裡有你們這群「人」。

值得喝采的一群熱血公務員

——地方創生抬轎者

行政院陳建仁前院長曾公開說，中央部會有十個機關參與地方創生的計畫，地方政府做為執行及協助的角色，應當有相對應的局處負責。但究竟應由哪個單位負責，基於地方自主組織權，這是地方首長的權限，不必受中央制約，是尊重地方自治的表現。因此地方創生計畫在二十二個縣市的主責單位沒有統一，中央計畫內容又有所調整，似乎也刻意淡化縣市政府的角色，甚至二〇二二年縣市首長更替後，又有新的調整。

這都沒有對錯，只有主責單位適合與否，及是否能抓住計畫核心主軸及正確執行的問題。

攤開來看，目前除了雲林縣設有專案辦公室、嘉義市以酵母概念的跨局處整合、台南市以專案計畫委外執行的模式之外，大都有一個主責單位或機關，但還真的莫衷一是，有民政局、綜合計畫（研考性質）、經濟發展、觀光傳播、青年事務，甚至還有農業等單位。台灣地方自治自由度真的很高。

過去五年，我走訪各地，參加許多論壇、座談還有工作坊，有機會與在地政府首長、副首長或主責的局處長、科長、承辦同仁交流認識。不得不說，身在基層的在地父母官，第一線的責任感重，企圖心強，有理念、有想法，也有自己的施政模式，連帶的執政團隊的動能都各有不同。

我感恩我所認識的這群熱血公務同仁，有你們抬轎，台灣地方創生，才有機會在各地發光發熱。

迎接「黃金」落地，創造「N型神人」品牌——彰化縣青年發展處黃金樺處長

彰化是我在卸任公職後，第一個走進縣府大禮堂和全體公務員分享台灣地方創生故事的地方政府。當天透過遠見天下文化事業群的協助，舉辦這場分享與簽書會。王惠美縣長在立委任內是經濟委員會的委員，是監督我的民意代表，我知道她擔任過鹿港鎮長，對地方發展狀況是熟悉的。

當天王縣長全程聆聽，並主持QA，讓我非常感動。彰化縣是六都之外，唯一人口數超過百萬的縣市。但打開地圖，彰化也是相對經濟弱勢地區比例較高的城市，人口數近幾年仍在減少中，升格之路感覺還是遙遠的。我在《美伶姐的台灣地

方創生故事》裡，最後補足了彰化這一塊拼圖。

書出版後三年多來，我與當初認識的團隊，包括「旅庫。彰化」小王子邱明憲、田野勤學陳光鏡、蔡慧璇夫妻、奇步應用陳佳新、謝宜伶（Viki）夫妻、卡里善的林冠瀚、解憂設計的許晉榮、小鎮資產的許書基老師與小魚、鹿港囝仔張敬業與張安儂兄弟，都有更深的交流與互動。他們也都是基金會平台上的夥伴，常在活動場合不期而遇，所以感覺我們好像已是家人，會互相關心、鼓勵及取暖。因此，這本書就沒有再特別寫他們。

黃金樺是彰化縣第一任青年發展處處長，這位土生土長，曾在英美留學、工作的建築與都市設計專家，回到故鄉，又進入公部門服務，的確引起不少的關注。

他曾創立許多品牌，都以「日常」為名，其中「日常經典」曾在募資平台發起「Rebirth 回收帆布再造計畫」，回收各種活動後廢棄的廣宣帆布，製成特色帆布包，廢棄帆布因此有了全新樣貌與永續意涵。

然而，為了不要成為回收廠，也為了落實SDGs第十二項「責任消費與生產」，他的做法是從源頭開始處理，當企業或政府單位確定加入該計畫後，從活動宣傳品開始製作之前，雙方就開始討論回收利用後的樣式。這個方法可以同時解決「日常經典」材料庫存堆積的痛點，並創造出新的商業模式。從這個案例可以看出，黃處長確實是「社會創新」領域的實踐家。

新單位成立後短短時間內，我看到彰化的另一股活力在蠢蠢欲動——一個屬於彰化人的新品牌——「N型神人」誕生了。什麼是「N型」？原來，彰化出生的人，身分證開頭英文字母是「N」，透過這個英文字母，有了Logo，也有代表的手勢。我心領神會後，理解這是對故鄉認同的第一步。

然而，只有Logo應該是成不了氣候的，這位型男處長不僅有理念，更有一套企業經營模式及行銷理念，應用到公部門，一點也不違和。這兩年多來，已盤點四十五歲以下的彰化創業家，不管在地、在外、返鄉、留鄉，都被他囊括進N型神人資料庫中，並透過公部門的公關能力，打開知名度、解決創業過程所碰到的痛點，及協助需求資源的媒合與串連。

兩本《N型神人》專刊，有三十餘位創業者現身說法，見證彰化的在地能量。這些團隊或創辦人做的未必都是地方創生項目，但與「新創」、「青創」互有交集，可以適度歸類以凝聚社群力量，因此，我還是很感恩黃處長對地方創生夥伴的加持，例如「N型未來學院」的院長，就是奇步應用的創辦人陳佳新。

不過，在基金會平台上的地創夥伴，多半返鄉蹲點已有相當長的時間，年齡也到了尷尬的臨界點。或許除了青年發展處之外，彰化的地方創生還需要其他局處的跨域合作，才能改善整體的在地經濟能量。

孜孜不倦，奉獻後山的鐵三角——花蓮縣政府吳昆儒處長、明良臻局長、吳勁毅處長

二〇二一年陪同青商會的好友前來花蓮踩線，認識了時任青年發展中心執行長的明良臻。

此行目的，是希望青商會的年輕夥伴能更瞭解地方創生的內涵。當時良臻剛從一個民間旅宿業者，被延攬至縣府工作，擔任青年創業與輔導的主管。他接了一個棘手任務，即縣府剛收回一座閒置中央廳舍的管理權，縣長指示他規劃使用，以吸引年輕人回花蓮，並提供就業機會，頗有成效。後來明臻轉任民政處處長，協助縣長處理地方事務，但在地方創生的道路上，他始終沒有缺席。

認識吳昆儒時，他是農業處長。一開始我很好奇，昆儒是媒體出身，我們有許多共同朋友。但由他來擔任農業處處長，會不會太勉強了？後來在一場論壇聽到他的報告，我才恍然大悟，原來花蓮早已成為台灣推動「無毒農業」的標竿縣市。生產不是問題，行銷才是提升農民收益的關鍵。而昆儒早就做足功課，對花蓮農產品的產銷問題瞭若指掌，即使在議會備詢也難不倒他。徐臻蔚縣長連任前，他轉任行政暨研考處，負責縣府整體計畫的規劃，地方創生的業務也由他負責。我們的溝通管道與理念相近，是同一條道路上的好夥伴。

第一次見到吳勁毅處長，是二〇二一年十一月在台東大學知本校區舉辦的「花東條例與花東發展十年回顧研討會」，我因曾經是負責的中央部會首長而受邀參與。當天代表花蓮縣政府出席的就是勁毅處長。

記得他發言前，有朋友告訴我他是個滿另類的文化首長，來自中壢的客家子弟，學的是城鄉發展與都市計畫，最高學歷是德國慕尼黑工業大學博士。還沒進縣府工作前，除了擔任許多機關的景觀總顧問外，還在花蓮光復經營一間阿美族法式料理餐廳。

「斜槓」不足以形容他，因為他跨域、跨界、跨很大，是個奇才。在德國留學時，曾深入瞭解當地小農型態的農村，所以地方創生的概念，他完全不陌生。就在將軍府 1936 開幕時，我對這位文化首長更是刮目相看，他的自由度很高，所有困難到了他面前，只有努力解決一途。他既是「將」也是「兵」，可以將文化平權帶進偏鄉，讓地方創生有文化底蘊的支撐。

這三位首長就像是花蓮縣推動地方創生的鐵三角，穩固且有力量，我的故鄉有你們，真好！

嘉義縣市「雙郭」地創雙引擎——嘉義市郭軒志處長、嘉義縣郭凱迪處長

兩位郭處長同時現身，是二〇二二年七月「尋路共創塾」在大林萬國戲院那一場交流會上。當天，縣、市團隊有了一次碰撞，雖然彼此相知，但很少有機會見面與交流。

軒志處長是黃敏惠市長回鍋選上市長後延攬的新生代幹才，擔任應該是各縣市

唯一設置的「智慧科技處」主管。黃市長的公共治理嚴謹中有進步的創新，適當的放手讓年輕人去發揮。台灣地域振興聯盟第一屆年會選在嘉義市，也是郭處長的大力促成。該次年會出席人數，到現在都還是難以突破的天花板，是非常成功的活動，也是年會可以持續舉辦的最大動力。

之後，我連續兩年擔任市府參加行政院服務品質獎的評審工作，感受到黃市長的用心與使命感，無怪乎在縣市長的滿意度每每名列前茅，軒志處長的運籌帷幄，功不可沒。

嘉義市是個小而美的城市，有歷史的縱深，也有文化的廣度，更重要的是也有許多創新，讓這座城市愈來愈吸引關係人口前來尋訪，受歡迎的程度甚至超越古都台南。軒志分享，市長在地方創生的策略上，採取「酵母」的效應。每位局處長都是酵母，透過其影響力跨局處合作、公私協力對話產生共識齊心推動。

二〇二三年九月，市府舉辦了一場「地方創生同樂會」，共有四十個團隊出席，令人驚豔，我雖沒有出席，但可感受到現場的熱力無窮。目前基金會平台上，嘉義市只有四個團隊（阮劇團、樂檸漢堡、種種影像及台灣田野學校），我略感汗顏，希望有機會與嘉義市多多交流。

特別想提的是嘉義舊監獄的未來營運模式。我曾在法務部服務，基於業務也曾走訪台灣許多矯正機關，瞭解到監獄建築是一門很高深的學問，依不同的收容目的有不同的建築規格。隨著時空環境的轉變，許多過去位於都市計畫市區的監獄或看守所都遷往郊區，原址多半拆除重新開發。唯獨嘉義市這座日治時期留下的遺址保留下來，並取得最高的文資身分——國定古蹟。

這種屬於司法領域建築的活化再利用，坦白說絕非司法機關的專長，正辦就是移給文化機關或地方政府營運，才能管用合一，發揮其文化資產的真正價值。文化資產是公共財，屬於全民所有，政府機關不是所有權人，不必抱守成規，固守不放。位於台南市美術館二館對面的舊台南地院如此，嘉義舊監獄亦同，都不宜由司法院、法務部負責管理。

如果這些場域可以交給像逆風劇團或嘉義市在地的阮劇團，規劃沉浸式體驗，設計法治教育的學習內容，讓中小學的孩子利用營隊模式前來感受，一定能有更大的社會影響力，也可以與嘉義市的城市街景歷史做一整合，豐富在地體驗的文史厚度，再搭配台灣田野學校以修代租的宿舍群，藉由團隊成員曾經參與日本三一一地震藝術陪伴所積累的能量，透過策展、活動與導覽來活化這些場域，不僅可以展現地方溫度的策展魅力，也能拉近民眾與美學之間的距離。如此一來，舊監的「內」、「外」，都能成為法治教育的最佳場域，同時也會成為文化資產再利用的新實驗。

凱迪處長*也是一位每天馬不停蹄，不怕工作多，只怕沒有幫到團隊的積極熱心型主管。他接掌綜合規劃處後積極發掘團隊，也舉辦各種交流活動，並協助團隊寫提案向國發會爭取資源，是一個願意主動照顧大家的好長官。

幾次到嘉義縣拜訪，承蒙他的協助，認識了六腳青實驗事的楊苑婷三姐妹、紅瓦貓工作室黃千閏一家人、一晨農場及崙尾天赦竹編發展協會的蔡坤宸與蔡宜縈等夥伴，更利用機會前往梅山鄉拜訪最強村長嚴清雅，向其學習梅山太平雲梯經營的經驗及心得。

嘉義縣雖然在翁章梁縣長努力爭取下，朝著「農工大縣」的目標前進，但無可諱言的，嘉義縣人口老化及人口數減少都是不爭的事實。如何在「農」與「工」之間取得平衡，地方創生扮演著非常重要的角色。

二〇二三年八月，遠流出版社及華山文創園區王榮文董事長，以他的人脈，邀請了許多文化、教育領域的大師級人物，前往他的老家——義竹鄉，在義竹國中舉辦了一場「華山學校×義竹地方創生大師講座」，與會者包括AAMA顏漏有校長、政大前校長吳思華、翁啟惠院長的弟弟翁英惠教授，還有洲南鹽場創辦人蔡炅樵，做了深入的解析及分享，並舉行「王家祖厝球舍」的啟用。郭處長與義竹新任台大電機博士出身的黃政傑鄉長全程參與，期待集結眾力，為義竹鄉的未來打一劑強心針。

不論是軒志處長抑或凱迪處長，他們對於地方創生的推動都不遺餘力，精神令人佩服，深深期待在雙引擎的加持下，可以縣市跨域整合，以生活圈的方式讓人口回流、不外流，並讓在地幸福生活，成為回「嘉」的最大誘因。

台東縣團隊前進的最佳後盾——章正文處長與黃筱芬科長

大家都知道，台東縣副縣長王志輝是地方創生的先驅，他曾在前經建會服務，

＊五二〇後凱迪已轉任內政部部長辦公室的機要幕僚。

之後在農委會水保局工作。在台東分局擔任局長那段時間，協助農民開發許多台東在地的產物，紅藜、釋迦等，都成為引領風騷的產業。這段期間，也扶植了許多返鄉的創業家，例如粨發粨粽的王禎壹夫妻。因為他嫻熟行政規章及流程，有他坐鎮，基層同仁有更多學習機會，縣長也可以放心的授權。

台東縣十六個鄉鎮，幾乎全區都是原住民地區，雖然各鄉鎮的人口結構未必相同，但原民部落文化仍是台東最重要的資產，地方創生工作的推動，在台東顯得格外有意義。其實許多原民朋友離鄉到城市打拚後，都會帶回給部落很多新思維與觀念，很多傑出夥伴，不管在學歷或經歷上，都稱得上是地方之霸，章正文處長就是其中一個例子。

章正文處長畢業於建築研究所，專業能力強，又曾在中央及地方政府服務，歷練完整。饒縣長第二個任期延攬其擔任財政及經濟發展處處長，可謂一時之選。他有排灣族血統，雖曾是學霸，但為人處事非常客氣與低調。

將「財政」與「經濟發展」放在同一個單位，台東應該是唯一，一方面要開源歲入及管控財政紀律，另一方面還要發展經濟，包辦中央兩個部會的業務，可謂重中之重。依縣府局處的分工，地方創生屬於「財經處」的業務，執行的科長是黃筱芬。

筱芬科長從北部調回家鄉服務，實際負責的是台東地方創生業務的推動，是最強的中階主管。筱芬的外表有如日本動畫中的美少女，聲音溫柔，不過她在處理和創生夥伴的互動時，是有為有守，既有原則，也有體諒。

台東幅員南北狹長，還有兩個交通不是那麼方便的離島，但我發現筱芬科長的腳力十足，上山下海她總是一馬當先，為的就是讓每個計畫的執行都可以到位。每每與她一同前去訪視時，發現許多藏在細節裡的魔鬼，都逃不過她的眼睛。幾年下來，她陪伴的團隊都逐漸壯大了，也有許多夥伴可以放飛，不能一直依賴政府的資源。

除了地方創生，財經處還擔負著整個台東「慢」經濟的馬達，不管是「慢食節」，抑或「鹿野紅烏龍茶」的行銷、去日本參展，都能看到科長的規劃與執行效率，真是令人讚嘆！

同為文官出身的我，依稀在筱芬科長身上看到我自己過去所缺少的特質，如果再回頭，我會以她為典範。

給默默做事的文官體系按個讚

除了本章節特別提出的幾位抬轎者，其實還有很多值得為他們喝采的基層公務體系工作夥伴，他們兢兢業業的在自己崗位上發光發熱，或許長官看不到，也得不到任何體系內的褒獎，但他們服務的對象是感受得到的。這不正是溫暖且有感的施政所追求的目標嗎？

大家一起加油，讓台灣成為真正的福爾摩沙，美麗之島！

（右排圖二＿張智傑攝）

後記

跨越五年的台灣地方創生國家級計畫，在五二〇新政府上任後，會是什麼樣態與面貌，不僅媒體關心，第一線的在地夥伴更是忐忑。除了今年元月分行政院會議通過的三．〇版外，我們更企盼看到方向與務實的做法，而不是單純的補助計畫。

五二〇賴總統的就職演說，「地方創生」在眾多重要的國家政策中，占了一個小小的篇幅。賴總統說；「未來的台灣更要讓每一個縣市依據特色發展，推動地方創生產業，落實『均衡台灣』的目標，處處可以安居，人人可以樂業。」短短五十餘字，卻是重要的宣示，也看到了相當清晰的輪廓，相信大家都吃了定心丸，也消弭了當初對政策是否延續的擔憂。接下來就是各部會如何接球，及如何打造一個有機的生態系，根本解決地方創生所面臨的痛點，因為，這些痛點是公部門責無旁貸的責任。

《在地的幸福生活——美伶姐的台灣地方創生故事 PART II》，這本書對我最大的意義，在於為我離開公部門屆滿四年的生活軌跡做見證。四年來，周遭的親朋好友，甚至不熟的新朋友、新夥伴，多半預估，在賴總統上任後，我應該會回政府工作，理由是我曾經是他的得力助手，應該沒有缺席的理由。但事實是，在二〇二一年五月《美伶姐的台灣地方創生故事》出版那一刻，就已確定我人生下半場的志業與生活歸屬。

我堅定的告訴自己：「公部門，不回去也回不去了。」這個決定，我內心沒有焦灼，也沒有猶豫，只有清楚的看見「本心」、「初心」與「願心」，所以，追求生活有內容、生命有意義，是現在的我想實現的想望。接下來，就是生死要自在的修行之路，要更為踏實與開心的度過每一個當下。

我非常感恩台灣地方創生基金會平台上二十二個縣市將近三百個團隊一路以來的支持，讓我們一起訴說每個屬於家鄉的感動故事。這本書的內容，一部分在補足上一本我沒說完的理念，另一部分則是留下卸任公職後四年行腳的紀錄，當然還有一部分是我血液裡恨鐵不成鋼ＤＮＡ作祟的建言與抱怨（希望不會得罪人）。

台灣三百六十八個鄉鎮市區真的都很美好，只是沒有被發掘。我們要自信的走出來，找出屬於自己的ＤＮＡ，不需要大內宣，更不要打高空，要腳踏實地做自己，展現自己的「與眾不同」與「一模不一樣」，我們都有機會被看見的。在 Web 3 的世界，我們一定可以做到愈在地、愈國際！期待這本書可以再燃起大家對地方創生的熱情，一起投入為家鄉做一點事的行列。

就在本書文稿完成，甫交付天下文化編輯群那一刻，我的母校——政治大學法學院許政賢院長捎來消息，我以遴選委員會最高票的認同，獲得一一二學年度政大傑出校友的訊息。雖然「俯仰無愧，平凡過一生」一直是我的人生目標，但意外獲得「傑出」的肯定與殊榮，對剛剛拿到敬老票資格和確認不會回政府服務的我，還是別具意義。

今年適逢政大在台復校七十週年，以「希年日新　木柵菁莪七十載」為校慶主軸。根據政大官網釋義：「希年，表七十年之意；菁莪則取自《詩經．小雅．菁菁者莪．序》：『菁菁者莪，樂育材也。君子能長育人材，則天下喜樂之矣。』」因此，五二〇校慶慶祝大會受獎致詞時，我許下承諾並發願，未來政大有需要我時，我必全力以赴！因為我以身為政大人為榮，也期待自此以後政大會以我為榮！

願以此傑出校友殊榮做為本書最後的注腳，並期待人生下半場志業，可以看見台灣地方發展走出一條康莊大道。

2 | 1
3

1 榮獲政大傑出校友獎。

2 從李蔡彥校長手中接下傑出校友當選證書及獎牌。

3 左起：外子林正義先生、我、李蔡彥校長、許政賢院長、舍弟陳俊宏建築師。

附錄二

攀爬人生的第三座山

在台灣，若提到地方創生，前國發會主委陳美伶絕對是率先被提出來的名字之一。她笑說，自己一輩子都是公務員，原本以為會做到六十五歲退休，沒想到意外當了四年的政務官後，竟然在六十二歲就提早離開職場。

大多數人思考退休生活時，常會偏向遊山玩水、吃喝玩樂，但陳美伶認為，這些並不能做為生活的主軸。

「我一直覺得人不能閒下來，人生的下半場，要給自己一個定位或方向。」公職退休後，陳美伶給了自己兩個目標，第一是身體要健康，第二是生活要有內容。

「台灣平均年齡已經到八十多歲了，六十五歲後，還是可以對社會有貢獻。」她說，人生中的第一座山是求學，第二座山是職涯，退休後要攀爬的是第三座山，「而且可能可以超越前兩座山。」

跑遍全台做地方創生，讓生活快樂、生命有意義

前半生投入法律工作的她，進入國發會後，看到許多不一樣的風景，並發現地方創生是台灣下一階段的重要發展方向。「雖然退休後沒有公務資源，沒辦法主導政策，也沒有預算。但是假設有民間力量可以做的事，說不定我也可以做。」

理性盤點後，她決定投身自己的「未竟志業」。二〇二一年，陳美伶在信義企業集團創辦人周俊吉的邀請之下，成立台灣地方創生基金會。二〇二二年，她重新走了一遍全台二十二縣市，連離島的馬祖和澎湖也去了好幾次，一整年的高鐵費用高達三十萬元。「當公務員那麼久，也在地方政府服務過，可是對台灣的認識還不如這幾年腳踏實地走到第一線。」

既然稱為志業，這個選擇，自然也有感性成分。擔任主委期間，她在全台見到許多為地方投注心力卻難以存活的團隊，感到非常心疼。替他們解決了棘手的法規問題後，看見他們的雙眼開始有神，內心也充滿成就感。此外，卸任公職後，陳美伶參加第一屆地方創生年會時，驚喜收到提了「創生教母」的匾額。「我感受到夥伴的熱情，覺得自己不該做一個逃兵，也不能讓稱號浪得虛名。」她真摯的說。

攀爬第三座山，將工作和生活融合在一起

在熱情驅動之下，退休後的陳美伶依然和從前一樣忙個不停。時間和體力有限，工作和生活的比重如何安排？

「現在的我，工作和生活是融合在一起的。」她說，平日工作、六日休息是大家既定印象，但是對她來說，許多工作適合週末完成，那也是生活的一部分。「那很療癒耶！田間也好、海邊也好，去一個地方跟人聊天、瞭解他們做了什麼，其實就是我的運動。」

當然，做好時間管理、排定生活的優先順序變得特別重要。「我以前可以一天開八、九個會，到了傍晚還能看公文。同事曾經說我是勁量電池，好像都不會累。回家後，只要充分休息，隔天就會有活力。」現在，陳美伶的步調稍微緩了一些。特別在疫情之後，遠端交流變得稀鬆平常，不是每件事都得面對面完成。「如果我們可以調整刻板印象，每一個人都可以達到身心靈平衡。」

工作之外，她也保留了跟家人相處、和朋友旅遊的時間。「我的兩個小孩沒有跟我住在一起，其中一個小孩在國外。女兒回來的時候，我一定要把行程排開，跟

她相處。」

此外，陳美伶也分享，採訪前一週，自己才剛從日本旅遊回國。工作和生活已密不可分的她，也把握這次機會四處體驗和交流。「我認識了一些台灣和當地的新創團隊，跟他們聊聊天。我也去信州學做味噌，瞭解味噌文化！」她說，旅遊除了身心放鬆，也可以是一場飽含知性和感性元素的旅程。

地方創生不只是青年返鄉，該是青銀共創

身為「創生教母」，陳美伶認為，地方創生可以為台灣帶來許多新契機。而在這場浪潮中，五十後扮演的角色非常重要。

「很多人誤會地方創生就是年輕人返鄉創業，但我要非常、非常、非常強調，地方創生應該是全齡共創、青銀共創。」陳美伶表示，五十五至七十歲的族群屬於戰後嬰兒潮，人口大約有六百萬。站在台灣經濟發展的浪潮上，他們是財力最雄厚，也是經驗最豐富的族群。

「他們還有很多精力和經驗可以回饋土地，不應該只有吃喝玩樂。我們也不該

用刻板印象稱呼為『銀髮族』。」對五十後族群來說，不論是回到學校拿文憑圓夢，或是搬回家鄉、實踐二地居，甚至將經驗傳承給年輕世代等，都是貢獻社會的方法。她舉例，像是新竹「或者書店」創辦人、鴻梅文創執行長陳添順回到新竹家鄉創業，現在不僅擁有書店、餐酒館、民宿等事業，更振興了整條老街。

展望自己的「第三座山」，陳美伶說，自己沒有設定具體的成果或目標，只希望能走得踏實，並做到生活要快樂、生命有意義、生死能自在。「以前我不太會說自己『開心』。我可能會說，今天的工作很順利、開會很順利，但是很難用開心來形容。」她說。「可是，我現在做任何事都很開心。」

生命中的景致，不應隨著年紀增長而黯淡。神采奕奕的陳美伶，正一步一步往第三座山的顛峰走去。

本文出自全國最大熟齡媒體《50+》，

撰文者：顏理謙，原文發表日期：二〇二三年七月十五日

附錄二

心更寬，力更大——限量版的人生下半場

二〇二〇年五月二十日是我人生旅程第二次離開公職，相較於二〇〇八年從文官職務退休，時空環境已大不相同。於是，決定先回到我熟悉的台南「靜修」。

60⁺，打造「獨一無二」的人生下半場

十二年後的第二次，如果從台灣的人口平均壽命來看，我已走了人生的四分之三，要思考的是生活逾一甲子的我，該如何為自己打造「限量版的人生下半場」？彭淮南總裁及吳豐山監委二位大哥都叮嚀我，要做好兩件事：一是身體要保持健康，二是生活要有內容；萬國通路謝明振董事長告訴我：限量版就是做獨一無二的

自己，不必模仿也不要抄襲。

近四十年的公務生涯，從中央到地方再重回中央，從最基層的專業法制部門科員到統籌規劃國家發展的部會首長。此期間，我一直勉勵我所有的工作夥伴說：我以做為中華民國文官為榮，有機會服公職是祖宗積德的福報，廉潔自持、全力以赴、服務人民，最終俯仰無愧，讓子孫走路有風就是給自己公務生涯最好的注腳。但如果討人喜歡與受人尊敬不能兩全，身為陳定南部長精神理念上的信徒，我跟他一樣選擇寧可受人尊敬，不做鄉愿。

接下講座教授聘書，柳暗花明又一村

首先感謝中信金融管理學院施光訓校長。認識他許久，他是十二年前我在文化大學任教的同事。中信金融管理學院落腳台南，正逢我在台南市政府服務期間，彼此有交流但並未經常聯絡。五月十四日早上我被告知必須離職，訊息傳出，回到辦公室，祕書告知施校長來電希望下午來訪，二十分鐘就好。心想，要安慰我嗎？下午見面，校長不僅準備好聘書，對於學校的經營及擔任的工作清楚扼要說明。我非常感動，對於可以再回到台南工作，確實心動，於是接下卸任公職後的第一個工作。同時也展開我在地方創生第二年推動的「二地居」，成為先行實踐者。

為「新創」，在微醺下我有勇往直前的動力

在朱平老師及AAMA顏漏有校長的祕密規劃下，六月二十四日在延平北路一個非常有人文氣息的空間，為我辦了一個驚喜的畢業典禮。那一天來了許多來自各地的新創朋友，也來了許多拿到就業金卡的外國朋友，其中一位演唱家表演歌劇清唱，讓現場歡樂氣氛嗨到極點，沒有人問我，妳下一步要做什麼？我感受到滿滿的愛意與祝福。不管是朱平老師、Ming、Charles、素蘭、小花等新創界的「長輩們」，都有不言可喻的默契，知道我仍會與他們攜手在新創界繼續打拚，因為這是台灣當下最有意義且最值得投入的工作，也是可以展現生命力的集合。那晚雖然沒有醉，但比微醺更下一城。

九十秒的掌聲，揭開美伶姐的人生志業新序幕

六月三十日我參加了一場活力四射超級無敵熱血的「地方創生大會師饗宴」，由九位地創界的「大哥」（林峻丞、何培鈞、林承毅、楊家彥、張敬業、王繼維、廖誌汶、邱明憲、趙文豪）所發起的「台灣地域振興聯盟」在嘉義市舉辦第一屆年會，兩天一夜，非常精實。每位參加者收費兩千五百元，來了八百多人。因為疫情採實名制，進場時還大塞車。我當天出席的身分原本是報告人，因已離開國發會，新任游副主委表示要代表國發會報告，於是我退居為開場的致詞嘉賓之一。兩天豐富的故事分享與交流活動，我看到了一群充滿熱情與熱誠的兄弟姐妹，有的是我在公職任內還來不及認識的團隊，紛紛加 LINE，相約前往拜訪。

七月一日下午最後一場 panel，與會者問：地方創生計畫會不會「人去政息」？我帶著一點激動的回應這個連我都非常擔心的問題，就在六月三日（距離我離開才兩週）國發會發了一份新聞稿*，我驚呆了，因為新聞稿中說，國發會不排除委託法人去落地輔導。一位重量級的創生隊友反映道：一群沒有蹲點過的人要輔導地方，是叫國中生去教大學教授的意思嗎？顯然已引起地創界先進的不安。所以，我

回應的重點是：

一、地方創生的執行策略，一定是整合，而不是單線的。先把地方的需求盤點出來，找到ＤＮＡ，藉此振興產業，提升就業的人口，讓地方可以永續發展。執行時由下而上，不管是產、官、學、研，最重要的是必須與社區整合，大家都要有共識一起推動，絕不只是單純公部門的事情，需要公私協力。政府要做的是提供一個平台與方向，最重要的是在相關法規需要鬆綁時，提供最有力的協助。

二、地方創生不能著眼於硬體建設，尤其是地方選舉又將來到，千萬不要為選票而再增加許多「蚊子館」建設，更不可流於資源分贓，而是要善用軟體，也就是人才、腦力的能量，用數位及創新賦予後疫情時代地方創生的正能量。

三、在地經營的內部創生人才資源已經相當豐富，可以傳承給新進者。兩年來，我也已經努力引導很多新創企業開始去協助在地團隊。如小鎮文創的何培鈞、甘樂文創的林峻丞及當天的九位發起人，在地方耕耘都有超過十年的經驗，他們自己已可以傳承經驗給其他想進來做地方創生的新手，並不需要「外部專家」或「政

＊ https://www.cna.com.tw/news/afe/202006020219.aspx

府法人」來輔導，我們要形塑的是一個「共學」的機制。

這個回應獲得長達一分半鐘的掌聲。閉幕時不預期的由九位發起人拿出預先刻上「創生教母」的木匾送給我，七、八百位參與者同時見證，那個場合好像是個授命典禮，告訴我：「陳美伶，地方創生路上妳已沒有缺席的權利，妳要繼續勇敢的走下去。」

過去近一年時間，我拜訪各地的地方創生團隊，從基隆、宜蘭、花蓮、台東、屏東、高雄、台南、嘉義、雲林、彰化、台中、中興新村、苗栗、新竹、桃園、新北市以及外島的馬祖。次數及足跡都讓周遭的朋友嚇一跳，甚至還有人猜測我在為選舉布局。地方創生將是我的人生志業，我不能辜負「創生教母」品牌所賦予的使命。感謝國際青商會郭文彥總會長及重要幹部吳國本會長等，在一場對台灣未來發展的暢談交流後，決定以「地方創生」做為二〇二一年度主題工作要項。

愛上馬祖的美好，就讓榮譽縣民牽起奇妙的緣分

我不知道對馬祖的依戀是何時埋下的種子？六月底我卸任公職後的第一個生

日，是在東莒潮間帶旁的廟口平台上過的，當天夕陽美得讓人陶醉。馬祖相較於其他離島，資源最少，交通也較不便利，我卻對她情有獨鍾，我應該是被「馬青」的精神所吸引，同時被縣長、議長、立委及鄉長們的堅實友誼所感動吧！四鄉五島，我已去過南竿、北竿、東莒、東引及大坵。去年下半年我又去了三次，我的馬祖行從來沒有因為天候班機取消而被耽誤。感恩南竿山頂上的媽祖保佑。

每位馬祖青年都斜槓得不可思議！從咖啡師、導覽員、電腦修復師、學校代課老師、民宿主人，甚至當起撿骨師、義消、救護員，十八般武藝樣樣俱全。或許是離島缺人，所以樣樣不靠人，捲起袖子自己來，是天下無難事的最好寫照。

感謝劉增應縣長頒給了我「榮譽縣民」的證書；二〇二〇最冷的冬天，我在最溫暖的馬祖！

數據信仰者，攜手威朋（Vpon）為台灣新經濟努力

二〇二〇年七月二十七日我到剛完成C輪募資，拿到包括日本及韓國政府基金投資四千萬美金的新創——威朋大數據公司發表「後 COVID-19 台灣經濟發展的策

略（七支箭）」演講，並與年輕的公司同仁分享數據在未來新數位時代的重要角色。創辦人吳詣泓（Victor）說我是數據的信仰者，邀請我擔任公司的顧問，共同為資料經濟打拚，並協助公司開拓更大的市場。我答應了！這是我在新創公司的第一個簽約的顧問，之後也陸續與數據相關的新經濟產業新創公司有各種形式的合作模式。與其說擔任顧問，不如說加入團隊成為一員而共學共榮，因為我非常珍惜和年輕人互動交流的機會。

紀律學習，做個快樂的「高年級實習生」

非常佩服台積電張忠謀創辦人對終身學習的定義：不是隨興的閱讀，是有紀律的學習。過去，不論是從事法制工作的專業文官，還是負責統籌事務的幕僚長，抑或是機關首長的政務官，我自認我是個努力學習新知的公務員，跨域學習更是我的喜好。

離開公職後，我首先想的就是補足在忙碌公務中無法有紀律學習的數位經濟趨勢與金融科技、財務管理相關的學問。感謝 AppWorks「之初創投」的林之晨創辦人、MaiCoin 的劉世偉創辦人及許多的新創好朋友，都給我成為「高年級實習生」的機會，讓我可以繼續燒腦。

共享經濟，台灣的機會與商機

離開公職後，不論新朋友、舊朋友都想來看我，跟我聊聊，除了吃飯、喝咖啡，也聊到是否可以找一個已經是第四消費時代的「共享經濟」模式空間（日本學者三浦展著《共享經濟如何讓人變幸福？》*一書提出了第四消費時代的概念），可以較為隱密且不受打擾？於是我找了好朋友——共享經濟協會（已更名為台灣數位平台經濟協會，簡稱DEAT）的理監事們幫我尋找適合的共享空間。感謝Andy 前理事長、Jeffrey 現任理事長、元韻、育寧的大力協助，那段時間就像找房子一樣的到處參觀。我真的大開眼界，原來共享經濟在台灣不再只有共享停車位、

＊三浦展著、馬奈譯，《共享經濟如何讓人變幸福？：利他‧分享‧在地化，我們已進入第四消費時代》。台北：時報，二〇二〇年。

共享機車，便利、新穎、全數位化的共享空間已有相當的市場。許多外商不再租整棟樓做為辦公室，更不會買下辦公室，上班同仁沒有固定的座位，大家可以隨意流動，享受自由自在的辦公環境，非常人性化，而且非常的舒適。在新冠肺炎疫情的助長下，共享空間的市場更是蓬勃發展。最後我沒有選定固定的共享空間，因為我學會了利用數位工具給自己多元的選擇，讓城市的移動更為自由，而我看到商機，也看到機會。

「華人精英論壇」，享受與萬人共鳴的喜悅

稍早，吳豐山前輩曾經建議我，應該將在台南市政府服務見證台南市升格後的公共治理經驗及擔任國發會主委任內推動的重大政策心得，寫成文字、留下紀錄。遠見天下文化事業群創辦人高希均教授每回看到我，也建議我要寫書或寫文章。我曾經非常掙扎！雖然我不定位自己為政治人物，但似乎身體內某個基因一直和政治牽扯，想斷捨離，又好像不是操之在我。而我直白、不喜拐彎抹角的個性與作為，常常被拿出來做文章，家人因此不希望我再受傷害，於是我遲遲未下決定。

這是個自媒體的時代，林之晨告訴我，透過臉書可以將自己的想法完整論述，Xrex 的黃耀文創辦人建議我要開臉書才能與朋友做最直接的互動，也方便將自己的理念傳播出去。Victor、培鈞、小木、家華都曾給我信心，但兩年前的網軍壓境對賴清德醫師的汙蔑與中傷，我餘悸猶存。

最後採取折衷，我不定期在遠見網路版的「華人精英論壇」寫一些短文與好朋友分享一些觀察與經驗。從去年七月十五日發表第一篇有關台灣地域創生聯盟年會的感想，到最近一篇氣候變遷的文章，也累積了十篇短文，點閱率都有萬人以上，看來我的筆並沒有生銹。這讓我想起我在陞任科長時，法務部施啟揚部長給我的勉勵。施部長說，即使升了科長，擔任主管，還是要「是將也是兵」。我看過很多的長官、同儕，職位到了管理階層，就只會改公文、而不會寫公文，更不用說寫文章，因此我深以為戒。寫作有時可以讓自己抒壓，如果可以得到共鳴，更會感到幸福，我想現在社群媒體之所以讓人愛不釋手，就是抓到了被按讚的愉快心理學效應吧！

I am alone, but I am not lonely!
但組織力量大，團隊合作向前行

那為什麼要寫這本《美伶姐的台灣地方創生故事》？

去年十一月三日在遠東大飯店，由黃日燦律師申請成立的「台灣產業創生平台公益信託基金」與台杉投資公司共同舉辦「二〇二〇台灣產業新創投資論壇」。黃律師的公益信託基金是我在國發會主委任內核准的第一個公益信託案例，成立的目的如同記者會當天（二〇二〇年一月八日）黃律師說的，「盼透過平台連結讓國內成熟產業『跳開今天的產業、明天的訂單，看到後天產業轉型的機會』」，因為，台灣的新創能量，一直不受大企業老闆的青睞，所以推動企業創投（CVC）一直是新創界的期待，也是我在任內完成「優化台灣新創投資行動方案二．〇」的主要策略之一。當天的與會者冠蓋雲集，許多大企業家都出席了，席間我向他們報告了我所關心的地方創生。

台灣地域振興聯盟在年會成功圓滿後，九位發起人很有凝聚力，經過幾個月的沉澱後，他們再聚會討論聯盟的組織架構，最後考量功能與目的之後，決議維持寬鬆的組織型態，暫不正式立案。但成員中有許多人建議我要籌組基金會。

回想一九八〇年進入法務部服務，李元簇部長要求同仁公務之餘必須持續對國家的政策進行研究，我的第二本研究報告是《統一財團法人主管機關可行性之研究》，當初的研考會又委外研究相同議題，最後都束之高閣，不了了之。二〇〇〇年政黨輪替，陳定南部長看到了問題，責成法律事務司司長的我要草擬《財團法人法案》，送到行政院審查時，我已轉任行政院法規會主任委員，可惜該部法案在院會中受到地方政府首長的杯葛而延宕了近二十年，二〇一八年台灣終於有了第一部規範財團法人的專法，但內容仍沒有解決存在的困境，也沒有鬆綁對私人成立財團法人的管理尺度。

成立基金會原本不在我的計畫中，但太多的好朋友及與我交流過的地方創生團隊，都希望有一個對口可以持續與我合作，所謂「一個人可以走得快，但一群人才能走得遠。」所以我開始認真思考，畢竟我再怎麼努力，還是勢單力薄，有了組織力量大，團結合作才是最好的方向。的確，台灣的地方創生須有最具決心與堅持的民間力量加持，這條道路才能更為平坦與邁向康莊。

過去近一年，我像個傳教士到處分享美伶姐的地方創生故事，但還都是

「點」，偶爾有「線」的連結，仍看不到「面」的形成。既然我累積了百餘頁的簡報，也有超過五十個以上的案例分享，為什麼不出本書，透過「面」來產生影響力？一個午夜夢迴，我勇敢的向遠見天下文化事業群的天來兄提議，獲得溫暖的回應，這就是本書誕生的緣由。

最美的間奏，人生重開機的一年

我讀美國前副總統高爾的傳記，發現他對人類社會的最大貢獻，竟是在他結束公職之後全球奔走，大力鼓吹防止地球暖化。我不敢以此自況，但確定會以此自勉。最後，感謝我的家人，感謝所有愛我的長輩、關心我的同儕友人，更感謝對我不離不棄的台灣未來新希望——Startup Island Taiwan的新創團隊及散在各地的地方創生團隊，美伶姐不會在你們的戰場上缺席的。

本文原收錄於《美伶姐的台灣地方創生故事》第五頁至第十九頁〈自序〉

財經企管 BCB846

在地的幸福生活

美伶姐的台灣地方創生故事 PART II

作者 — 陳美伶

副社長兼總編輯 — 吳佩穎
資深主編暨責任編輯 — 陳怡琳
校對 — 魏秋綢
美術設計 — 李健邦
封面照片攝影 — 日日寫真 賴永祥
內頁照片提供 — 陳美伶
內頁排版 — 張靜怡、楊仕堯

國家圖書館出版品預行編目（CIP）資料

在地的幸福生活：美伶姐的台灣地方創生故事 . PART II ／陳美伶著 . -- 第一版 . -- 臺北市：遠見天下文化出版股份有限公司 , 2024.06
面； 公分 . --（財經企管；BCB846）
ISBN 978-626-355-814-4（平裝）

1. CST：產業政策 2. CST：區域開發
3. CST：創意 4. CST：臺灣

552.33 113008219

出版者 — 遠見天下文化出版股份有限公司
創辦人 — 高希均、王力行
遠見・天下文化 事業群榮譽董事長 — 高希均
遠見・天下文化 事業群董事長 — 王力行
天下文化社長 — 王力行
天下文化總經理 — 鄧瑋羚
國際事務開發部兼版權中心總監 — 潘欣
法律顧問 — 理律法律事務所陳長文律師
著作權顧問 — 魏啟翔律師
地址 — 台北市 104 松江路 93 巷 1 號 2 樓

讀者服務專線 — (02) 2662-0012 ｜傳真 — (02) 2662-0007；(02) 2662-0009
電子郵件信箱 — cwpc@cwgv.com.tw
直接郵撥帳號 — 1326703-6 號 遠見天下文化出版股份有限公司

製版廠 — 東豪印刷股份有限公司
印刷廠 — 中原造像股份有限公司
裝訂廠 — 中原造像股份有限公司
登記證 — 局版台業字第 2517 號
總經銷 — 大和書報圖書股份有限公司 電話／ (02) 8990-2588
出版日期 — 2024 年 6 月 22 日第一版第 1 次印行
2024 年 9 月 25 日第一版第 4 次印行

定價 — NT 600 元
ISBN — 978-626-355-814-4
EISBN — 9786263558120（EPUB）；9786263558137（PDF）
書號 — BCB846
天下文化官網 — bookzone.cwgv.com.tw

天下文化
BELIEVE IN READING